宮本常一　旅の手帖〈村里の風物〉

宮本常一　旅の手帖〈村里の風物〉

八坂書房

目次

一　村里の風物（一）……7

一 8　二 16　三 29

二　村里の風物（二）……37

一 牧畑 40　二 矩形の畑 41　三 円い畑 42
四 猪垣 43　五 郷蔵 44　六 燈火用具 45
七 農具 46　八 テスリツム 47　九 絲車 48
十 筌 49　十一 水唐臼 49　十二 蠟締め 50
十三 産小屋 52　十四 井戸端の神 53
十五 庚申塔 54　十六 オシラ神 55

三　履物に寄せる心……57

一 58　二 63　三 66　四 69　五 71　六 76

四　野宿……79

一 80　二 84

五　隠岐島信仰見聞……89

六　山陽沿線の農家……97

七　加越海岸遊記……109

一 はじめに 110　二 稲村 110　三 隣を劃する線 111
四 北国日和 114　五 言葉の公私 115
六 笹原から塩屋へ 118　七 湖畔の秋 124
八 三国の宿 126　九 安島へ 129　十 安島聞書 131

八　海荒れ……137
九　若狭遊記……145
一　心あわせて─敦賀市白木　146
二　子供の世界─福井県三方郡美浜町丹生　152
三　若狭漁村民俗　159
四　三方のみずうみ　163
一　163　二　168
十　越後松ヶ崎漁業聞書……175
十一　東北雪の旅日記……185
十二　四国民俗採訪録抄……221
一　四国の山村　222
二　土佐長岡郡稲生村聞書　233
三　祖谷の蔓橋　242
四　土佐の車田・その他　247
一　幡多郡富山村小西ノ川の車田　247
二　幡多郡富山村大用の神田　248
三　同地のウサバイサマ　249
四　幡多郡大正村瀬里の太鼓田　250
五　本田と新田─土佐藩　252
解説（田村善次郎）……255

写真所蔵　周防大島文化交流センター
写真提供　毎日新聞社

一　村里の風物（一）

一

もう十年も前の事であるが八ツ目鰻をうる男がやって来て、
「オラが村は越前の石徹白《イトシロ》という所で、いたって不便で平家の落人の子孫だという。ここには実に深い谷があって両岸はきり立っており、再び出て来る事ができないようなこともある。その谷に八反滝という滝があって、冬は滝壺がカチカチに凍ってしまう。八ツ目鰻はその滝壺にいるので氷に孔をあけてとび込み、底の岩に吸付いているのをとるのである。上がってくる時息が切れ、かつ孔が分からなくて、氷の下で気絶する事もある。」
と話した。八ツ目鰻よりはその話の方が面白いので、話を真に受けて昭和十二年三月二十七日に大阪をたってこの村を志した。

美濃太田で越美南線に乗りかえて北濃で下車してそこの宿にとまった。石徹白の事をきいてみると女将は京都の人で土地の様子はよく分からない。それよりも前日から大変な雪で、石徹白へ越える桧峠はとても通れまいとの話である。

翌朝起きて出てみると晴れているので行ける所まで行ってみようと思って北濃の歩岐島《ホキジマ》という所から峠路をのぼって行った。

歩岐島の次は前谷という部落である。榑葺《クレブキ》の二階建で、二階の小屋根の所にたくさん草履がならべてあ

桧峠の道（昭和16年）

る。これは冬の間に一年中のものを作っておいたのである。

上がって行く道のほとりの田甫に石ばかり積んだ塚があるのできいてみると千人塚という由で、昔ここで源平の戦った時負けた平家の人の耳をうずめた所であるという。思いもうけぬ所で耳塚の話をきいた。耳塚については柳田先生の「獅子舞考」(『民俗芸術』獅子舞号)の中にその詳しい考証が見えている。耳をきるのはもといけにえのしるしであったらしいという。

前谷の奥の方には田のほとりに田屋《タヤ》が多い。農事の忙しい時にはここで炊事もするのである。とある小屋をのぞいて見ると、幼児を入れておくエヅメやら、炉の上には茶瓶などもかかっていた。家のまえに美しい花が咲いているのでその一本をとった。

石徹白藤之助翁(昭和16年)

峠をのぼって行くと雪が深くなった。丁度上から一人下りて来たのできいてみると峠はこえられぬ事はないという。ついでに持っている草花をきいてみると田打草という名だと教えてくれた。相手がたちどまったので田屋の中でスケッチして来た民具の名をきいてみると丁寧に教えてくれた。そこで更に突込んで、「石徹白で昔の事をききたいのだが何処へ行けばよかろう」ときくと、「石徹白藤之助翁を訪へ」との事であった。

一本の草花によってすっかり手掛りが出来たのである。

床幷社跡（撮影年不明）
郡上郡北濃村
（現・岐阜県郡上市白鳥町）

その人に礼をいって別れた。

更に少しのぼると右側に石垣がある。雪をかきわけてそこに立って見ると石碑があって床幷社跡とある。トコナミとよむのであろう。昔疫病のあった時ここに社をたてて祈った跡だとある。トコナミの考証は柳田先生の「地名の話その他」の中に見えている。播磨には鎮岩と書いてトコナメとよむ所があるというが、境に岩をおいて神をまつった名残を示す名である。そうしてここにもまたトコナミの社があった。

峠の上は雪が膝を没するほどであったが、もう何人かの人が通っていた。下っていくにつれて、焼畑の跡らしいものが所々に見うけられる。

在所へ下ってみると思ったよりは遙かにひらけた所であり、盆地をなしている。石徹白翁を訪うてみると、八ツ目鰻売りの話は真赤なうそである事が分った。しかしうそであっても失望する事はなかった。ここが白山を背景とする御師《オシ》の村である事を知った。そして別な収穫があったのである。更に驚くべき事はすでに明治の末年に柳田先生がここへ来ておられた事であり石徹白翁によれば名士来訪の魁であった。

民俗採訪の旅行に際しては、どのような条件が与えられても失望してはならない。よし期待するものがなくても、なかったという事を本当に明らかにすれば、それがまた一つの資料である事を忘れてはならない。石徹白の場合は全然別のものを得た。それは甚だ中世的な村の組織をそこに見たのである。

石徹白は山中六ヶ村ともいわれ、上在所・中在所・西在所・下在所が盆地に散在し、石徹白川が渓谷をなして九頭竜川へおちて行く谷あいの川ぶちに小谷堂《コタンドウ》・三面《サツラ》がある。約二百戸、人口千人の地である。そうして千人以上に増すと不幸事があるといわれている。

この六つの部落が二十四組に分れており、各組には一人ずつの組頭がいる。この二十四組は世襲であった。組頭の上には乙名が十二人いる。但し小谷堂・三面には乙名はいなかった。

身分的にみると、社家と社人にまず分れる。白山中居神社《ハクサンチュウキョジンジャ》に直接仕えていた御師たち—即ち上在所の人が社家である。社家は職によって神主・神頭（コトウ）・幣司・祝詞役・手長（シドリ）の家がきまっており、宮座の際に斎院にこの順序で坐った。

社人の方は頭社人、平社人、末社人になっており、頭社人は即ち乙名である。宮座の際に斎院に相対する神殿に向って右に座がありここを政所《マンドコロ》とよび、そこに坐った。平社人は一般社人であり、末社人は高を持たざる人々である。小谷堂・三面の人々はこの中間であった。

乙名には乙名山というものがあってそれを持っていた。一株で六町歩ほどの区画である。この山を持たなければ頭株にはなれないのである。但し乙名山を持つということはそこで年々馬二頭分のまぐさを刈りとる権利であって、他は誰が利用してもよい。他の者がまぐさを刈る場合にはツツダテとて四五尺の木を目的の地にたてておく。すると、他のものはそこの木をきる事はできなかった。また焼畑をする場合には三年前に木の股になったのをそのあたりの木にかけておく。それをカギをかけるという。するとそこの利用権はその者に属した。

以上の他に家来というのがあった。もと奉公していたものが独立してなお乙名や社家に出入りしているものである。上在所の社家には各戸に家来の家が一二戸ずつついていた。

乙名の名は通常国名がついていた。長門・土佐・日向・上総等の名である。その下——即ち平社人は百貫名を持っていた。式部・掃部・金吾・多聞・主膳等がこれである。末社人は普通の何右衛門・何左衛門であった。だからその名をみるとその家の格式がわかった。

このような政治的な組織の底にあるものは同族的な結合である。村には石徹白・上村・須甲・上杉・杉本・櫻井・猿橋その他の姓があるが、同姓は大体同族であり、血のつながりのない場合も何等かの関係があったようである。而して組合はなるべく一族の者で組むようにしていた。乙名というのはもとはその本家筋をいい、それぞれの同族株が山林を所有していたのではないかと思われる。

而して以上諸姓の本家になる家が、それぞれこの地におちついた来歴をみると時期と理由を異にしている。そうして須甲氏や猿橋氏はそれぞれ氏神をまつっているが、上村氏は白山中居神社に奉仕するからとて、自家では別に神をまつっていない。また杉本氏は屋敷神をまつっているが他には見られない。

この地に仏教のはいって来たのは徳川中期以後で、それまでは神に仕えた地であるから多少禅宗の影響をうけた位で、寺は建てられなかったようである。ところがここに真宗がはいって来て、村の争の種になったが、直接中居神社に仕える上在所を除いては真宗が行われるようになった。そうしてそれによるお寄講や報恩講が行われるに至った。

その頃から上在所と他の在所の対立が甚しくなり、祭りの際など上在所の者は潔斎しているから、他の在所の者に盃を渡すとけがれるとて拒んだ事があった。上在所では女の産をする場合にはヒマヤという一間がつくられ穢れを他に及ぼさぬようにした。それは屋根からヒガクシに造りさげてあったので、ヒサシともいった。女は月のさわりの時もここに七日間いた。また新婚の際はアラハダ七十五日といって、七十五日間は宮にも参らなかった。

祭りの日には手水場の外側に不浄をかくす意味から三尺くらいの栃の板をたてた。

また上在所の人たちは白山登山の人々の宿と先達をし、冬分はそれらの信者の村々をまわった。信者の村を旦那場とよび、その旦那場の権利を売買した古証文など、今も残っている。

これに対して他の在所、即ち社人の村では、田を作り、木挽などをして暮した。そこに自ずからにして生活のたて方が違っていた。その上昔から争いの多かった村で、特に上村豊前と杉本左近を中心とする宝暦騒動なるものは、陰惨をきわめたものであった。その一件古文書及び論考が杉本壽氏の『農山村経済の基礎的研究』（杉本壽　湯川弘文社　昭和十九年）にものせられているが、要するに文字を解し、かつ山に仕える意地の強い人たちの姿をそこに見るのである。同時にその背後における京都の吉田白川両神祇家の勢力争いの火花をもそういう所に見る事が出来る。白川神祇伯に対してその下位にあった吉田氏が学識と策謀により漸次勢力をのばして行った歴史は、全国いたる所の神官免状をうけた社家の間に見られ、しかもその手の遠く津軽あたりまでに及んでいるのを知って、驚いた事があった。文書を通じ免状を通じ、吉田家が、全国の社家を統一して行った力というものは実に大きかったようで、計画的にかかる事は尚十分調査して見る必要があるのではないかと思われる。但し私自身の社家に対する調査はその後何程もすすまないうちに資料は戦災でやいてしまった。けれども羽黒・熊野・伊勢・鵜戸・吉野などの社家（御師）といわれるのに気をつけ、また村々の社家などの聞書をかなりとってみた事はあったのである。そういう機縁はこの地を訪れた事によって作られた。

採訪の旅行というものは面白いもので、あるテーマを持って調査に出向く事もそれはそれとして価値があるが、このように唯知らぬ世界に触れてみたい気持ちでやって来た場合に心にとまり、書きとめておいた事が、その後自らの心の中であたためられ、また読書などによって類似の事柄を見つけたりしていき、次第にその全貌をあきらかにしたり、また研究の態勢のととのって来る事が多い。

いくつかの考えるべき問題、研究すべき問題を見つけたのはこうした目的のはっきりしない旅において多かった。

石徹白にはまた大田植も古く行われたようである。焼け残ったカードによると「サツキのサビラキに午前中苗をとり、男はそれをくばり、午はんをたべて植える。五十人位の早乙女が植える。田植歌をうたふ。男を加へて百二三十人ほどである。子供は苗打ちをする」とある。この項は第二回の入村の時更にくわしく聞いたと思われるのだが、その方のノートは焼けている。うろおぼえではっきりしないけれども、中国山中の大田植と共通のものがあったようである。

石徹白へは昭和十七年の秋にもう一度行った。そうして前に十分でなかった事をかなりくわしく聞きただし、古文書なども少ししらべてみた。

二度行くと聞き足らぬ所の補足、誤りの訂正などが出来る。しかし実際に二度三度行く事は困難である。村を立去る時にはすぐにもまた来られるように思ったが、それでも五年半の後にやっと二度目の入村をした。

つづいて三度目をと思ったが未だに果たしていない。石徹白だけでなく白山を中心にしての信仰はもっと明らかにしてみたい事である。加賀側の状態、平泉寺中心の有様、更には石徹白の外廓としての岐阜県長滝《ナガタキ》の長滝寺《チョウリュウジ》の調査、そこからあまり遠くない那比観音など……。そしてその上全国各地の白山神社の分布と沿革。これによって白山信仰の全貌がほぼ明らかになると共に民間に浸透していった経緯を知る事が出来るかと思う。

東北地方にはオシラ様とよばれる家内神が信仰せられている。多くは桑の木でつくってあり、陸中遠野地方ではこれを白山妙利大権現として祀っているものもあるようで、白山と何等か関係のあった事が考えられるが、一方石徹白の古文書にはたしか久安（一一四五～一一五一）の記年のある蚕の祭の事をしるしたものがあったと覚えている。当時はオシラ様に興味も持たず、写してくる事を怠ったのであるが、後オシラ様をしらべるようになってこういう事も両者の関係を知る一つの資料になると思った。オシラ様は桑の木で作ってあるものが多いばかりでなく、イタコとよばれる巫女が、これをあそばせる（人形まわしの如くする）時、まんのう長者の物語などという

オシラ様（昭和16年）
岩手県上閉伊郡松崎村（現・遠野市松崎町）

口説を唱える。それは蚕発生の由来をといたものである。一方白山においても蚕の祭が行われていたとすればオシラ様と白山とは全然無関係であったとは考えられぬ。

我々は思いもうけぬ所に底のつながりと、またその露頭を見るものである。

そうしてこの石徹白の採訪がある意味からして、私を本格的な採訪旅行にかりたてた動機の一つともなっている。〔註　福井県大野郡石徹白村は昭和三十三年三面小谷堂が和泉村（現・大野市）に編入され、残りの上・中・下・西の四在所は岐阜県郡上郡白鳥町（現・郡上市）に編入した。〕

二

何でもないようなもので、よく眼につく一つに家の入口に吊してあるものがある。

大和法隆寺村の岡本という所は、法起寺という奈良初期に出来た寺があり、その三重塔はその頃からのものといわれて訪う人が多いのであるが、その村の一戸に、入口の上にキタマクラとよばれる鰒《フグ》のかざってあるのを見た。海からかなりはなれている地の事とてめずらしく思ってきいてみたが、何時誰がそこへあげたものであるかを知っている者はその家にはいなかった。家の者も来る人も皆面白がってはいるが、何故そうしているかを知っている者はいないという。

しかしハリセンボンという鰒を入口に吊っているのは二ヶ所で見かけた。秋田県象潟の町と鳥取県浜村においてであった。しかしその分布は実際には更に一だんと広いであろうと思われる。多分はそのトゲトゲしたものに魔をはらう力があると見ての事であると考える。すると、節分の晩に入口にタラ〔楤木〕をとりつけたり、ヒイラギをさしたりするのと同様の意味があった事になる。〔鰒はフグともアワビとも読むが、ここではフグであろう。キタマクラという和名をもつ魚もいるが、カナフグなどをキタマクラとよぶ所もあるし、キタマクラを○○フグとよぶ所は多い。ハリセンボンとフグは別種であるが、ハリセンボンをハリフグなどとフグ名でよぶ所も多い。〕

アワビを吊るのも同じような意味があったと思われる。ずいぶん各地で見かけたが、記憶にあるのは山口県の大島と熊本県甲佐町である。唯アワビのみを吊したものもあり、これに左々良三八郎と書いたものもある。

愛媛県来島ではカニの甲を吊している。いずれもその形状から来た魔除けであったと思われる。

しかし入口に吊す種類はきわめて多い。

魚の尾を貼りつけたものも時折見かける。瀬戸内海の股島（香川県観音寺市）で鯛の尾の貼ってあるのを見たが、これは初漁の鯛の尾であるという。山口県玖珂郡の山中では、もと鯛など食べるとその尾を入口に貼ったというが、土地の人の気持ちからすると、すでに魔除けではなく、自分の家でも鯛が買って食えるのだという一つの誇りからだといっていた。愛媛県北宇和郡の山中で見かけた所ではマグロの尾と思われる大きなものが二つずつ貼ってあった（写真230頁）。かかる山中のしかも小さな家でこのような大きな魚を必要とするような酒宴が行われたかどうか、または他から貰ってつけたものか、その家はあいにく留守であった。

小豆島の大谷ではサワラの尾を貼りつけている。

出雲の海岸では台所の壁にトビウオのヒレが貼ってあったが、これは人に物を贈る時ノシの代りに用いるためにとってあるのだという。

入口に魚の尾など吊るのは或いはその臭い匂いで魔を払おうとしたものかとも思われる。

先年瀬戸内海の真鍋島（岡山県笠岡市）で見た所では、蜜柑の焼いたものが五つ串挿しにしてさげてあった。風邪の神よけであるとの事だった。

流行病をさけるためのまじないは他にも多い。奈良、大阪の農村では流行病がはやりはじめると、よくスベリヒユやニラを吊り下げた。共に性のつよい事から利用せられたと思われるが、大和山中や淀川の北岸地帯では粽《ちまき》を束にして扇形にしたものが吊ってあった。和泉山中の村ではこれを家の中に吊っておく。すると家の中へ長虫（蛇）がはいらぬといっている。またこれを妊産婦に食べさせると産が軽いともいっている。

同じ流行病よけでも福岡地方のお潮井籠はいささか念の入ったものである。糟屋郡から筑紫郡あたりをあるいた時、家々の入口に小さいカゴの吊ってあるのを見かけた。これがオシオイカゴで、村の人たちが毎日交代で箱崎の浜までオシオイ（砂）をとりに行き、それを家々のオシオイカゴに分けてあるく。恐らく大変な労力であると思うけれど、尚つづけられているのである。しかしオシオイをとるのはここだけではない。海岸地方を歩いているとよく入口に竹でつくったシオタルの下げてあるのを見るが、これで日々海の潮を汲み家の中をきよめはらうのである。和泉山脈中の村々では妊婦が産気づくと、わざわざ海岸までこのシオタルで潮水を汲みに来、産婦と嬰児をはらってやって、シオタルは氏神の境内に納める風がある。潮水に魔をはらい、またけがれをはらう力があるとの考え方は相当根づよいもので、渋澤敬三先生の「塩」（『日本民俗学のために』第一輯　民間伝承の会　昭和二十二年）にその事がくわしく見えている。

神社仏閣の甚だしく多い関西地方ではこれらの寺社のお札くばりの数も少なくない。家々をおとずれて祓いをしていくのだが、別に参詣した者が受けてくる事も多い。中には大般若経転読の大きな木札などつけているのを見る事もあるが、そういう家は、多くは地方の旧家である。それが家内の無病息災を祈るものであると共に、時には村人への誇りでもあったようである。

そうしてこのお札の貼りきれぬ所ではお札箱をかかげてそこに入れてあるのもある。これらのものは大抵正月十五日のトンドの火で一応焼いてしまう事を多くの土地で慣習としているけれども、物事に謙虚な気持をもっているような家では焼き捨てないで、俵などに入れて保存している事がある。兵庫県氷上郡鴨庄村の一農家のツシ（天井裏）にのぼって、このお札をおさめた俵を見た事があるが、その後、長野県上伊那郡赤穂町の旧い農家の入口の梁の上にもこの俵を見たのである。共に地方まれに見る篤実な農民の家であった。

多くの場合、少しのケレンもなく篤実で周囲から信頼せられているような農民の家にはこうした古風が残っているものである。そうしてずるかったり、なまけ者であったりするような家ではかえってかかる情景に接する事が少ないのである。

そういうお札〔ママ〕の出所はもと一つであろうが、かけはなれた所で思いもうけず見かける時、社会の底を流れている信仰の底流というようなものを感ずる。たとえば、近江から丹波へかけての農家の入口に貼ってある元三大師のお札は角のある所から角大師ともいわれているが、それを岩手県北上山中の農家の入口に見たとき、多分その信仰の流入はあたらしいものであろうけれども誰がもたらしたものかと追及してみたいような気がした。角大師のお札は元禄の頃にも苗代の護符として用いられていた事が、俳諧七部集に見えている。

長野県の伊那谷をあるいてみると正月の削り花を入口につけている家が多い。それが小さな木に僅かばかり小刀で傷つけたようなものから、実に見事な幣帛のようなものまである。正月の一つの儀礼として行われたもので、翌年の正月まではそのままにしておくとの事であった。鳥取県浜村の漁業部落には各戸の入口の上に枯松の枝が何本も挿したりうちつけたりしてあるのを見かけたが、これは正月十一日の仕事はじめの日、山へ行って伐って来たものをここにとりつけたのだとの事である。

正月の注連縄をそのままにしている所もある。ところがそれを何年もとらないで何本も吊られている風景を熊野から伊勢路へかけて見かけるが、便所にかざった正月の輪注連だけはとらないでそのままにしておくものだという所はひろい。

祭の日、晴の日の幸福にあやかろうとして社寺からもらって来たものを入口にとりつけている例は多い。祭の花笠の花や五色の小さい幣などの入口にかかげてあるのを見る時、その造花を求めた日の興奮のどよめきが想像せられてなつかしい。

家に持ちかえる花ではないけれども、同じような心を持ったと思われる神津島の花正月など、その美しい興奮を覚える一つである。

『高津の花正月』（大間知篤三　六人社　昭和十八年）の著者は「早春の海に浮ぶ伊豆の島々を船から眺めてゆくと、大島の姿には長閑さがあり、新島の形には優しさがあり、敷根島の風景には美しさが感じられた。しかるに中央に天井山険しく聳え、山裾は八方に断崖をなして海に臨む神津島にはいひ知れぬ寂しさが漂うてゐた。」と誌している島に、その可憐な花正月を見たのであった。

旧暦正月十四日

「村の真正面の海へ太陽が傾きかけると、島の子供は残らず賽之神の祠へお参りする。手に手に赤い椿の花を一枝と竹や柳の小枝に団子を刺したものを持ち、更にまた此の島でハナと呼ぶ小さな削り掛を添へ持って、村童達が仲間を誘ひあはせて、森の蔭から石垣の間から現れ、口々に〝しっちりばっちり、ぱっちんこができないように〟と歌いながら、曲りくねった坂路を、ぞろぞろと祠の方へ歩いてゆく。傾きかけた小さな鳥居の前まで来ると、皆草履をぬぎすて、裸足で進み、祠前に赤い椿の花も白い団子もハナも供へて、恭しく黙拝する。そして団子だけは持ちかへるが、祠前はために椿の花の小山である。

それを済すと男童も女童も祠の裏山へあがり、シッチリバッチリ（とべら）の一枝を折って家へ帰る。それを囲炉裡の火に焚くとパチンパチンと音がしてパッチンコ（頭の腫物）除けのまじなひになるといふのである。昔は島に毎年疱瘡が猖獗を極めて、年々多数の子供が死んだが、その災厄を免れるためのお祭であるともいはれ、此の祠は一名疱瘡神とも呼ばれてゐる。

日が暮れるとドドンドドンといふ勇しい太鼓の音が、村の各所から響いて来る。自分のやうな外来者でさへも、じっと部屋に坐ってゐることが出来ない気分をそそられる。」

という美しい情景の底にある一つの気持は、村の不幸、身の不幸を避けようとする事にあった。

大和の伊勢との境にある香落渓《カオチダニ》という風景のすぐれた渓谷のある村では、時折家の入口に小さい木槌のかかげてあるのを見かけるが、これをロックサマの槌といっている。村の神社建築の際、両親のそろっている男の子がその棟に上って、棟木を打った槌だという。神社の棟上げと言えば、何十年に一度という程稀な神事で、氏子たちが一番昂奮を覚えるものであった。その多くの人々のひしめきあう晴の日に美しく着て鉢巻などした少年が棟木の上に上って棟をうつのである。その槌が家に幸福をもたらすものとして入口にかかげられる彼方に、その華やかな日の思い出がいつまでもよみがえって来る事であろうと思われる。同じ大和の山中には臼の杵の先をきったのを入口にうちつけておく風があるが、ロックサマの槌とは何等かの関係のあるものであろう。

幸福なるものにあやかろうとする心は誰にもある。八十八才になった人が手形を半紙に押して、ゆかりある人々に配る風は近畿を中心にして相当広く分布をみているようであるが、同じ大和の国中《クンナカ》の村々ではこれを入口に貼っているのである。箇々の家の長寿を祈っての事であろう。

先年三河の山中でフクダワラに逢った事がある。フクダワラというのは正月の訪れ人の一種で小さい俵を紐にくくり、家々を訪れてその俵を座敷にころがして祝言をのべる。藁のすべばかりで作ったものでいかにも美しい。その男は鳥取県のもので、背には小さい紺の風呂敷包みを背負うており、主に天竜川筋を三河、遠江、信濃にかけて、正月の月中を歩きまわるとの事であった。鳥取県にはそういう仲間が何人もいて、それぞれの得意の村々があって、そこをまわるとの事であった。男は村人たちがその福俵を請えば求めに応じ、また別のを風呂敷包から出して、次の家へころがしに行くのである。そういう人たちもこれからは次第に来なくなる事であろうが、山村の正月を何か知らゆたかなのどかなものにした。

この福俵であるかどうか、ついきいてもみないで来たが、東北地方には家々の入口や、神社の鳥居などに小さい俵をつりさげてあるのを見かける。

その他入口にかかげるものは尚色々の種類があり、サルノコシカケといわれる木茸などはむしろ一種の風雅をさえ覚える。

丹波氷上郡の前山村ではナタマメを吊っている家を一軒見かけた。きいてみても要領を得なかったが、出征兵士の家であったらしい事から考えると、帰りを待つ心からではなかったかと思っている。私の故郷では旅だちの日には必ずナタマメを食べる事になっている。ナタマメは必ず下の方から上の方へ実がなって行き、また下の方へなって下って来る。行ってかえるためにマタマメなどといっているものであるが、必ずかえり来る事を期する心からこれを食べるのである。戦いすんだ今日、出で行きし者を待つ親の心の切なるものを思うて、しばらくこの家の前に足をとめた事があった。

如何なる事柄でも、それに人為が加わっておればそこには人の心が含まれている。要するに人によって作られたものはすべて人々の意志の表現なのである。そしてそれが如何に些細に見えても奥深く重大な心のこめられているものが多い。我々はだからどのような些細な人為に対しても無関心であってはならない。そしてその奥に含まれている人の心をよみとらねばならぬ。

何気なく見すごされる風物の中にも人の真摯に生きていく姿が見出され、かつその伝統は古いのである。そうしたつつましさから今の標札までへの変遷を考えてみると人は入口にこうした呪術的なものを吊る事はなくなったけれども名札のほかに電話番号まで麗々しくかかげるようになった。無論これをかかげるために電話局から配ったものであろうが、一般の人にはむしろそこに妙なものをさえ覚える。一般の人にはそれは殆ど意味のないものである。むしろ名札の隅に住所番号など明記してある方が、人をたずねて行くよすがになって有難いのだが、電話番号が名札と同じ高さに麗々しくかかげてあると、我々はそこに事務的な意味のほかに電話を持たざる周囲に対して権勢を示すシンボルのようにさえ感ずるのである。

同時にそれほど人々の意志にも変化があったのである。古い村の中にあってはもと幸福を個人に期そうとする気持は少なかった。本来神社に対する信仰は個々の幸福を請うためのものではなく一村一郷の幸福と安寧を祈るにあった。日本の祭礼の殆どはそうした意味を持っていたのである。

個々の幸福の祈られるようになったのは、近代資本主義の発達とほぼ軌を一にしている。自我の自覚の発達と、幸福を個人に帰そうとする心が強くなって、村の幸福を祈る祭は家の幸福を祈るものになり、やがては群れをぬいて行く事を誇りとし幸福と考えるようになったのである。いわゆる階級分裂の傾向をそこに見る。家々の新しい標札にそれを見ようとする私は、更にそれ以前、個々の家が入口に物を吊るようになった所に、村の幸福を個々の家にも帰したいとする二重の意味のあった事を考えたい。かくの如く村落共同体はその崩壊の過程を入口に掲げる一つの何でもないようなものにまで現していたのである。

真に村落と個々の家の幸福の分離していなかった日には個々の家の入口に物を吊すまえに村全体としてこれを行なうた筈である。

近畿の村々では、時折家の入口に牛の沓や馬の鉄蹄の吊りさげてあるのを見る事があるが、これなどもとは村境に行う風習の一つではなかったかと思う。この事についてはさきに「履物に寄せる心」として書いてみた事がある。つまり履物は個々の家に吊り下げるよりは村の入口などにつりさげる場合が多かった

のである。〔「履物に寄せる心」本書五七～七八頁に収録。〕

山口県大島郡屋代村では正月になると家屋敷の入口に青竹をたてて注連縄を張る風がある。これをシメといっているが、門松はそのシメのうちの、家のまえに立てる。そうして正月がすぎると取り去る。遠くはなれた薩南の宝島などでも正月には宅地の入口に同様の事をしており、これをイゲといった。ところが土佐幡多郡の山中などでは宅地の入口に棒を二本立ててこれに注連縄を年中張っている村々がある。カドギともシメともいっている。

屋久島ではこの門木をキドギまたはキドバシラといっている。別に注連縄は張っていないけれども、もとは呪術的な意味があったようである。キドギに用いる木はヘゴが多く、人が死ぬると二本の中の一方をぬいて新しいのを立てるという。

かくの如き例は他にも多いであろうが、それ以上に多く見かけるのは村境に張る注連である。これは殆ど全国に見られ、年中行われているものもあるが、疫病などの流行する時これを行う場合もある。

大和地方ではこの注連縄をカンジョーナワとよび、これをかける事をカンジョーカケといっている。多くは正月の行事の一つになっている。人々が藁を持ち寄って、大きな縄をつくり、これに弊をたてたり、青柴をさしたりして村境の流れの上に吊り渡す。村に疫病のはやらぬためである。生駒郡平群《ヘグリ》村椣原《シデハラ》のカンジョーナワなどは特に見事なもので、信貴電車〔信貴山急行電鉄〕の車窓からこれを見る事が出来る。

大和にはこのほかに五月頃に野神さんの綱掛神事がある。蛇頭をつけた長い縄を村はずれの野神さんの木などに巻きつけて来るのであるが、もとはカンジョーナワと大差のないものではなかったかと思う。大

カンジョー縄（昭和15年）
秋田県南秋田郡南磯村門前
（現・秋田県男鹿市船川港本山門前）

和磯城郡のものは『和州祭礼記』（辻本好孝　天理時報社　昭和十九年）という好著があって、これに諸例がくわしく出ているが、他の諸郡にもこれに劣らぬほど多くの例が見出される。私も生駒郡を中心にして集めかけてノートを数冊とった事があった。それほど神事の豊富な所である。

　ところが飛騨丹生川の奥へ行くと、この縄をはるのは七月の七日であって、七夕と関係してくる。織・牽両星の一夜の会合を祝して川の上に縄をはるようにも考えられるが、もとは単なる注連縄の意味を持っていたものである。その地から大して遠くない富山県との境にある大多和などでも村はずれに注連縄をはってあるのを見る。

　津軽平野の村々のはずれの木にかけてあるムシとよばれる藁蛇は通りがかりの人々の目にすぐつくものだが、田植がすんで村の若者たちが作って村中をひきまわし、村はずれの木にかけておくのである。しかしこれなど大和の野神さんの綱と大変近いものになり、注連縄としての意味もあったかと思われる。

　かくの如く村境に縄を張る風習は東北地方の太平洋斜面にも多く、中には鳥居をたててそこに張ってあるものもある。『村の女性』（能田多代子　三国書房　昭和十八年）によると、

「村を出端れると鳥居が一基立っていました。荷軽井（青森県三戸郡）には村の入口にも同じく一基立っ

ております。二基とも道路改修の折に邪魔にされて、今は田の中にだらしなく立てられてあります。一基は八幡様に、一基は十和田様にたむけたものださうです。さうは申しますが、是にはまた他に目的があったのです。悪疫流行の折や天地異変の場合など、村共同でそれに呪ひの〆縄を張り、杵、刀、にんにく、さいかち等を下げ、鳥居には藁で作った竜を上り下りにつけて安心したのです。」

とある。鳥居ならずとも古い時代に村はずれに木戸を設けた所は多かった。

天保の頃奥羽各地を旅行した船遊亭扇橋という落語家の書いた『奥のしをり』なる書物のスケッチによると、どの村にも殆ど木戸がある。そしてその両側に柵がついている。木戸には鳥居に近いものもあるが屋根を葺いた門の形式もある。〔『復刻 奥のしをり』船遊亭扇橋　アチックミューゼアム　昭和十二年〕

虫送りのムシ（昭和15年）
青森県西津軽郡柏村（現・つがる市）

甲州山中の古い地図など見ても木戸の書いてある村が多いのである。通行人取りしまりや、野獣を防ぐためのものであったと思われるが、もとは神社の鳥居と同じく、ここより中に不幸を入れぬための関所であり、シメや札はここに貼られたものと思われる。

九州地方の南部に見られる八月十五日の綱曳きの綱の如きももとはやはり注連から来たものではなかっただろうか。大きな綱をつくって村の若者や子供たちは月明の道にひきあい、所によってはこの縄を土俵の輪にして角力をとり、最後は海に流す所もあるが、日向南部の海岸では、この綱が丁寧に村はずれの岩の上に輪にして積んであった。而して同様の事を屋久島の麦生という所でも見て来たが、ずっと東へ去って大和吉野の天川村では、カンジョーナワを吊るまえに若者たちが綱曳を行うているのである。

注連縄ばかりでなく、村はずれに祈禱札をたてる風習も多い。土佐の山中では流行病のはやる時、祈禱者を招いて祈ってもらう事があり、その時作ったお札を村の中央と四方の境に立てる事がある。この札をセキフダとよび、この行事をオオヤマシズメといっている。中にはこれを年中行事的に年々正月に行い、幣は五色の紙を用い、五方ノシヅメなどといっている村もあった。

春のはじめに村の平和を祈る集りの行われる事は同じ土佐の幡多郡地方に多く、棒杭に春祈禱云々と書いたのが村はずれにたててあるのを見かけた。しかし春祈禱は各地に広く行われるもので、近畿の諸地方ではこれを修正会とよび、有名な寺々にはこれが行われ、中には宮座の行事の一つになっている所もある。

屋久島西南海岸で賽三柱大神なる札が割竹にはさんでたててあるのを見、その数日後、同じ札が北岸では家々の入口に貼ってあるのを見て、村落の結合の弱められて行く姿を教えられたように思った事があったが、その後男鹿半島の海岸でもこの札を見て、遠方の類似に感慨をもよおした事があった。この賽神のお札のもう一つ内側の地帯は賽神の石碑、石像などを村はずれにまつっており、それに伴う行事はきわめて多い。前述の神津の花正月などもその一つである。共に村に災厄の入る事を防ぐ意味があると思う。

三

旅をするのを仕事にし、村々のこんな事にばかり気をとめている者と、事務的な目的のために旅行している者との間にその旅行の差は自ずからあるであろうけれど、車窓の外に見る風物の比較などして見ても教えられる事は多いし、また汽車の旅に退屈する事は少ない。

同じレールを何回往復しても窓外の風景を見る事はたのしいものである。耕作風景、住居の有様などそこに自ずから差異があり、四季その時を異にする時またかわった風景に接する事が出来る。私の知人で、車窓から見る藁屋根の形ばかりスケッチした人があるが、それさえ土地によって差があり、考えさせられるものがある。

同じように思われる瓦葺にさえ差が見られる。大体に関東の瓦屋根は平面的だけれど、関西では下がり棟や破風をいくつも重ねて屋根を複雑にしたものが多い。そうして屋根が少々重すぎる感じのするものが多いのである。瓦の黒い色はやや暗い感じを与えるけれども、山陽線の広島県山中の沿線では赤瓦の屋根が多くなる。この瓦は戦前までは八本松あたりでしきりに焼いていた。釉薬を用いてつやがあるが色はあまりよくない。しかし周囲がみどりの一色になっている時、この屋根の色は変化をもたらして美しいと思う事が多い。山陰線の沿線にもこの瓦を焼く窯がいくつもあって、東は鳥取県兵庫県あたりまで、この瓦屋根の分布を見る。最近は北陸にも相当行われているようである。雪に対して強いという事であるが、一般民家に用いている瓦としては最も新しい丈夫なものであろう。

ところが今日一般に見られる平瓦葺以前に本瓦葺というのがあった。古い寺の屋根はこれである。平瓦と平瓦の境の上に丸瓦をふせて行く葺き方である。これは屋根を荘重なものにする。一般民家の瓦屋根ももとはこの葺き方であったと思われる。堺市の旧市街地の家々や、尾道の古い商家はすべて本瓦葺であった。ところが、山陽線の沿線では三ツ石から西、倉敷までの間の農家にもこの形式の屋根を見かける事が少なくない。これはこの地方が早く瓦屋根に変ってきた事を物語る一つの証左ではないかと思う。

岡山県は日本でも古く屋根瓦を大量にやいた地方の一つであった。源平合戦の時に奈良の東大寺がやけると、その再建のために周防国と備前国が知行国として宛てられ、周防は木材を、備前は主として瓦を供出した。この瓦を人々の手越（手つぎ）に奈良まで運んだという伝説があり、奈良へその第一枚目が到着した時、備前では最後の一枚が窯場からはなれた所であったという。とに角この地方は三石、伊部《インベ》などを中心にして盛んに瓦をやき、一般農家の屋根をさえ早く瓦に代えて来たのである。

而してその事のために農家にも古風な瓦屋根が見られるのである。

都市を除くその他の貨幣経済に縁の少ない地帯では未だ藁屋根や草葺が多い。これにもいくつかの段階があって全部草で葺いているもの、箱棟といって棟を瓦にしているもの、軒瓦のものなどがある。箱棟は概して瓦の入手し易い関西中国地方に多い。これは草葺では棟が最も早くいたむので、それをふせぐために用いられた手法である。この瓦棟、瓦軒の屋根の最も美しいのは大和平野地方に見られる大和棟とよばれる切妻の家である。これは奈良法蓮町を中心にして発達したようにもいわれ法蓮造ともいっている。

東海道沿線の保土ヶ谷付近では草葺の屋根の棟にイチハツなどを植えているのを見かける。花の咲く頃に通ってみると可憐な美しさがある。もとはその分布も相当広かったようであるが、今は僅かに見かけるにすぎない。ところがこれがもとは中央線の沿線にも行われていたかと思われ、甲府から諏訪への高原の農家に見かけた。しかも更に遠く九州阿蘇の火口原の村々にかかる風景を見るのである。

屋根の棟に土をおくのは朝鮮半島に多いが瀬戸内海の女木島《メギジマ》（香川県高松市）などどうした訳かまるで突然思い出したようにこの島だけが土をのせているのである。しかし草花のない土棟はさびしいものである。

山陰線の京都から福知山へかけての一帯は大きな破風のついた入母屋造で、その破風がまた美しくかざられている。品のいい懸魚《ゲギョ》のついたもの、白くぬった三角の壁に菱形や扇形の空気抜きのついているもの、中には家紋なぞつけたのもあっていかにも美しい。そしてそれがかなり遠くからまでのぞまれるのである。ところが福知山の西になると破風は急にそまつになって来る。多分は京都の町の古い時代の影響と考えられる。

山陰、北陸の沿線には妻入の家を見る事が多い。コマエバリなどといっている所もあるが、破風を正面に見せた家のつくりは出雲大社や大鳥造とも関係のあるものであろう。何となない古風を感ずる。地割が細く短冊型に間口狭く奥行の長い町屋では妻入の家も一つの方法と思われるが、普通農家で妻入の家は住んでみるとかえって不便が多いようである。

芝棟　横浜市保土ヶ谷のイチハツ棟。フォーチュン『江戸と北京』（1863年）より。「屋根にアイリスをのせた江戸近くの農家」とある。

しかし長野県伊那谷のように板葺で屋根の傾斜のゆるやかな所では、妻の方を間口にしても間口が奥行よりも広い家が造られる。伊那谷で名主筋の家は多くこの板葺の妻入形式である。

妻入と平入とを結びつけた曲屋《マガリヤ》の形式は全国各地に分布している。越後地方ではチューモン造とよび、他の地方ではツノヤまたはカギヤなどといっている。

東北ではこのツノになった所を厩に利用している。所謂内厩である。しかし古くは厩は皆家の中にあったようで、中世の絵巻を見ると馬のつないだ傍に猿のあそんでいる所がある。西南日本で厩が家の外に出たのは明治以来の衛生思想に基くものである場合が多いときくが寒気の強い東北日本では内厩が今も行われているのである。

北九州のツノヤは外から見れば屋根がカギ形になっているけれども、内部は通常の平入と殆どかわっていないものが多い。

また丹波山中などで見かける形式にはツノの部分が後側へついたのもある。これをウシロカギといっている。

山口県地方ではツノになった部分の棟が一段低くなっており、このように低くなっているのがツノヤであり、棟の高さの一様なのがカギヤだと区分している人もある。

このような住家形式には今一つそれ以前の様式があったのではないかと思っている。

東海道沿線の遠州地方一帯に見られる母屋と納屋のならんで造られた家がこれである。母屋は平入であり、納屋は母屋の右側または左側に棟を母屋に直角に造っている。この場合、この二つの屋根の棟を一つにするとカギヤになる。そうして納屋に厩がついている。納屋と母屋は本来性質の違うものであるが、もとは納屋としてでなく釜屋として使用されていたと思われるのである。遠州地方ではここをカマヤといっており、母屋との間はトユでつないであって、内部は一つになっているものが多い。

古い時代、釜屋と母屋とは別々の建物であったらしい。鹿児島本線の鹿児島市に近いあたりには未だ母屋と釜屋の棟の別になった家を見かけるが、薩南の島々では二つがはなればなれになっていて、母屋を大家、釜屋を下ノ家ともいっている。そうしてもう棟が一つになった所でも、オモテと台所の間の床の高さの変っている家を各地に見るが、これなどもと家が二棟からなっていた名残であろう。常磐線の草野駅（福島県）付近では、土間とオモテの境の上にある大きな梁をトユカクシといっている所をみると、もとはここにトユのあったことが考えられ、同じく二棟の家があった時代が想定せられて来る。

山陽沿線から日豊沿線にかけての母屋と納屋のカギ形にたてられている形式は、もとは母屋と釜屋が一つになった上に納屋の添うたものと見るほうが、内部的に見て正しいのであるが、屋敷どりからいってこの方が便利でもあり、遠州地方の民家と相似た形式になったのであろう。そして山陽沿線では母屋は藁葺の平屋でも、納屋は二階建ての瓦屋根になっているのが多い。この場合二階は客間や勉強部屋に使用せられているのである。

このように納屋に二階がつき、かつこの部屋の方が美しくなって来たのは、子供が学校へ行って勉強するようになってからである。母屋では本をならべる所もない。我子の友が来ても一緒に休んでもらう所もない。それでは困るというので納屋を改造したものが多いのである。

元来母屋の座敷は四間取が普通であるが、村に迎えなければならぬ貴い客のある時などは、この四間の奥に更に間をつぎ足して六間にし八間にしたのが古い時代の風であった。そうして堂々とした母屋を見るに至ったのであるが、明治以来に産をなして子供たちを勉学させるようになった親たちは簡便に納屋を改造したのである。我々は夏汽車で旅する時この二階の開けはなされた部屋で読書している若者や書架を見ることが多い。

板屋根を汽車の沿線で最も多く見かけるのは中央線の木曾谷や高山線などである。その沿線から奥に入った谷々にも板屋根は多い。しかし板屋根は草葺よりは新しいようで、伊那谷の板屋根は木曾の大工が来て葺いたものであるという。そうして板葺が次第に多くなって来た。この板は栗の木、或いは栃を使用することが多い。伊那の谷などで通称を板屋という家があるのは、最初にこの家が板葺になったもので、旧家に多く見られる家号である。

ところが板葺には二通りの形式が見られる。南信濃に多いヘギ板（トチブキなどという）という薄い板で葺いたものがその一つであり、越前山中や越美南線の深雪地帯に見られる大きな板で葺いたものがその二である。これをクレ葺、またはナガクレ葺といっている。屋根の外観はよくないけれども耐久力はよい木材のある所ではこのクレ葺が多い。屋久島は屋久杉の産地であるが、ここの民家は殆ど板葺である。ここではクレの事をヒラギといっている。しかし厩だけは草葺なのである。

草葺といっても茅と麦藁とその材料は二つの様式があり、たまには笹や麻殻で葺いたものもある。茅で葺いたものは屋根も厚く重々しく、また耐久力もある。このような屋根は村共同で葺く場合が多い。

茅無尽とか茅頼母子とか或は屋根替講などを組織して屋根葺替の時には皆で茅と縄を持ち寄って共同で葺替える。ところが植林が奨励せられたり共有山が処分せられてからは茅が得がたくなり、麦藁にかわって来た所が多い。野の家などは早くから麦藁で葺いたものである。藁屋根は見た眼には美しいけれども茅に比して三分の一しか保たない。その上この方は葺くのも簡便である所から屋根葺を職とするものが多くなって来た。そうして春の手すきに村々を葺いてまわるようになった。この連中が屋根の形式を次第に統一して来た。安芸・丹波・紀伊・越前・会津などの屋根葺は、それぞれその腕のすぐれたものである。而して安芸の連中は北九州あたりまで進出している。四注造の棟を杉皮と竹で押さえた葺き方で、見た眼には平凡だが風に強いとの事で北九州に多く見かけるが、土地の人はこれを広島屋根といっている。広島屋根に薩摩垣というのがこの地方の風景であるが、薩摩垣というのは割竹の垣のことである。こうして二つの文化がここで手をつないでいるのを見る。

紀伊の屋根屋は紀見峠を南へこえた柱本という所を中心にして、大阪・奈良・三重・京都・兵庫などに亘って活躍している。大和棟を除く入母屋造の農家の藁屋根の形式がほぼ一定しているのはこのためである。丹波の入母屋妻入の民家は主として綾部に近い細見・川合などの村々の屋根屋が葺いたものであるという。関東では筑波山の傾斜地の村に住んでいる者が知られていて、下総上総方面を冬になると巡業したが、多摩川流域の村々の草屋は、却って近年まで会津の田舎から群れをなして葺きに来ていた。(『都市と農村』〔柳田國男　朝日新聞社　昭和四年〕)

こうして専門家の発生は村人の意志でないものをそこに加えて来、逆に屋根屋は自らの流儀をその勢力範囲にひろめて来たのである。このようにして村の風物は次第に改まって来つつあるのであるが、一方かくの如き専門家の発生によって共同作業は著しく減少して来ると共に、村の屋根もまちまちになって来た。そうして茅葺が次第に姿を消して来つつあるのである。

越美南線に沿うて白鳥に近い所に、周囲はすべて藁屋根であるが一部落だけ瓦屋根の所がある。きいてみると、中に二三軒瓦屋根にかえたものがあって屋根葺の協力組織がくずれた。すると草葺を維持するための労力の不足から止むなく皆瓦にかえてしまったとの事であるが、屋久島の小瀬田などもヒラギ葺から瓦屋根に一気にかわった所である。

しかしそういう村は稀であって財力がとぼしければ資材に金をかけない藁葺にまず転化するほかない。けれどもやがて瓦屋根にかわって行くであろう事が想像せられる。そうして村における協力作業の一つがこれによって消えて行くであろう。かくの如くにして村落共同体は崩壊してゆくのである。

唯、かくの如き中にあって神社の神殿の屋根が瓦葺にかわって行くであろうか否かという事が考えられる。地方の小さな社は別として、由緒ある社は多く檜皮《ヒワダ》で葺いている。如何なる世にもこれは瓦になる事がなかった。しかし果たして今後どうであろうか。しかもそこには遠つ祖の面影を如実に見る事が出来るのであるが、滔々《トウトウ》たる世相の移りかわりは、あらゆる古いものを忘れようとさえしている。しかし将来の文化は現在の文化の中から生み出すものでなければならぬ。

〔未刊　昭和二十一年六月末執筆〕

二　村里の風物（二）

江戸時代の庶民文書は領主と農民との支配関係を中心にした政治経済的なものが多いが、その底には土に密着した農民の生活が年々歳々同じような形で繰返されていた。そしてそれがいつの間にか少しずつ変っていっている。変っていきつつも変らないものを残している場合がある。一旦拓いた田や畑の形など、時代が変ってもなかなか形を変えるものではない。住居にしても畳やガラスが取入れられつつも、基本的な形式はやはり変っていない。それが僻陬の地へ行くほど、濃厚に古いものを残しているように見えるのであるが、中央においてもけっして古いものが消えているわけではなく、色々の形で新しいものと複合して混在している。たとえば宮座のような行事は京都大阪付近に濃厚であり、神事芸能もかえって中央に豊富に残っている。それは政治的な区画を越えて分布しているものであって、そうしたものの中にも歴史がある。それは一村一郷に限らずひろく比較してみる必要があり、それによって発生や変遷のあとを辿ることができる。

畑作における農耕の発達の過程に例をとる。焼畑→牧畑→定畑であったと思われるが、地方によっては焼畑→定畑の過程も見られる。そういう所では、傾斜地を利用する場合でも傾斜面のままが利用せられているが、焼畑→牧畑→定畑の場合には段畑が多く見られる。段畑と棚田の築造には大きい相互関係があると考えるが、私の見聞したところでは、棚田の見事に発達した土佐山中や、日向・安芸・周防の山中などは、もと段畑だったものを石垣の築造技術によって棚田に切り換えたという。幕末から明治初期のことである。

農具について見ても、農具の発達の記録による歴的な探求のほかに、たとえば鎌の様式など草深い東日本と草の伸びにくい西日本ではすっかり違っており、そういうものがまた我々の生産・生活に与えた影響の大きさを知ることができる。これは耕作農具の種類や形の上についてもいえるところである。封建政治は封鎖的であったが、農民の生活一般は必ずしも封鎖的であったとは思えない。記録の上で封鎖的なものが多いからといっても、それのみで物を律してはならない。そういう半面を知るためには、我々の生活が生み出した遺址・遺物を取り上げて、丹念に比較して見ていく必要があると思う。遺址・遺物の中には、墓や燈籠のように年号の記されたものも見かけるが、それのないものが多いから、どうしても一村内のことだけを見ていったのでは、問題の解決はつかない。フィールドを大きくとる必要があるし、また現実にこれを見なければ理解できない。文書だけでは一つの遺物がどのようにその地方に残存しているかを知ることはむずかしい。この点、歴史も足で書く歴史になってほしい。

信仰関係についても、私たちは記録だけを頼りにしないで、その底に潜むものを見ていくと面白くなる。瀬戸内海のある地方の八幡宮の分布と縁起を見ていくと「何天皇の御代勧請した」などと一様に書かれているが、その祭られた位置は、そこが大抵円錐形の山をのぞむ地であり、かつ古い祭祀土器が出土している。つまりずっと古くから祭祀の行われていた地であって、それがやがて八幡宮に発達していくのである。土地によってはまた、八幡宮は漂着神の性格を持ったものもある。それがどうして八幡信仰にならなければならなかったかが問題である。

年号の刻んである墓や燈籠や地蔵にしても、年号だけが問題ではなく、その石質や様式を見ることによって文化圏のようなものが探りあてられてくる。

まず私たちはそうした生活の生み出した造形物を見ていく必要がある。そしてその上に立って古文書を見ていくと、古文書がもっと生き生きしてくるのではないか。

以下史料〔資料〕を例示して説明していきたい。これはほんの一部で、その慣習が今も行われている物もあり、その発生や制作がかならずしも江戸時代とは限っていないが、江戸時代に最も広く行われたものをあげた。

一　牧畑

存在する全てのものに歴史がある。

人間の意志の加えられたものには人間の歴史がある。人間の歴史を探究するものは、人間の息吹のかかったすべてのものの中から人間の意志を読み取り、その歴史と法則を見つけねばならない。

牛を傾斜面に放つと等高線的に草を食べていく。そこにおのずから道が出来、道がいくつも重なって段々を作っていく。段畑にはこうして発生したものもあろう。段畑は牛を飼う地帯に多く存在している。牛を放牧したあとへ穀物を作る。二、三年作って土が痩せるとまた牛を放つ。このような農法を牧畑といっており、現在は隠岐・対馬などに僅かに残存しているが、江戸時代には岡山・広島の山中をはじめ、瀬戸内海の島々にも広く行われた。焼畑よりは一歩進んだ農法で、切替畑から定畑への中間形式である。隠岐では四圃式という四年目にまた

牧畑（昭和十四年）知夫郡浦郷町（現・島根県隠岐郡西ノ島町）

牧に帰ってくる方法がとられているが、瀬戸内海の島々では二圃式が多かった。こうした地帯は組合意識が強く、東日本の村落に見られる同族意識とは対照的なものである。

二　矩形の畑

山道を歩いている。谷間の部落が見える。その周囲に短冊型の畑がある。共同開墾したのだなと思う。一緒に拓いて仲良く同じように分けたのである。この推定は大抵当たる。ところがこれ（讃岐 岩黒島の写真）はまたあまりに小さい畑である。地割の行われた名残だ。割当に当たって不平等にならないように、条件の好い畑と悪い畑を組合わせて割当てなければならないから、こんなに小さくいくつにも分けねばならなかった。地割の行われた土地にはこうした矩形形の田畑をよく見かける。

この讃岐の岩黒島《イクロジマ》（坂出市）は塩飽七島の一で、天領であり、そこに住む人たちは幕府の御手舸子として水軍に属していた。それ以前も島民は塩飽船といわれる商船で各地に航行して商業をいとなんだが、その舸子たちで他の地方の本百姓にあたるものを人名《ニンミョウ》とよび、その人たちが割替権を持っていた。

人力で荒田起しをする所では、一枚の田がたいてい四畝乃至五畝であり、牛馬耕の見られる所では、一反乃至二反の田が多い。一日の労働量が一枚の田の広さを決

矩形の畑　讃岐 岩黒島

めていく。無論地形の影響も大きいのであるが。

また個人の拓いた田畑の場合、それが江戸時代のものならば畦の曲がったものが多い。検地の際、狭く地押ししてもらうためだといわれている。しかし、ただそれだけではないようだ。彫刻に見る時代時代の線を、田畑の畦の線にも見出すことができるように思っている。また耕地の形は居村を中心に外に向かって膨らみを持っている場合が多い。

三　円い畑

田畑の形を決めていく要素の一つに耕作法がある。西日本では持立《モッタテ》犂《スキ》と呼ばれる床のない犂を使用している地が広い。対馬・壱岐・五島・平戸・肥前などでは今も使っている。この犂は多く渦巻き型に鋤いていく。そのことから田畑の形がおのずから円くなる。肥前五島のやや平坦な地形の所では、こうした円形の畑が充ちみちている。荒起しをして、次に鋤返しを行い、さらにマンガで砕土して、その上に大豆・粟・蕎麦などをバラ撒きする。収穫まで中耕はほとんど行わず、手で除草するだけである。すなわち鍬を用いない農法をとっている。この地で鍬が使用されはじめたのは新しい。同じ九州西北部でも条里制の行われ

円い畑　五島福江島　南松浦郡三井楽町(現・長崎県五島市三井楽町)

た佐賀平野の水田の形は短冊形になっているから、ずっと古い時代には長床犂が行われたものと思われるが、持立犂が行われるようになってから開けた田畑は、このように円形になるか、または亀甲型に近いものになったのだと思われる。今飛驒や土佐などに残っている車田という丸い水田も開田当時の耕作法に深い関係を持っていると思われる。そこで注意して丸い水田を注意深く見て歩くと、どうも庄園時代に開けてきた土地にそういう形のものが多いようである。そしてとくに丸い畑の多い所では種子も筋蒔きでなく、ばら蒔きにしている所が少なくない。鍬がほとんど用いられなかったためであろう。しかしそうした地帯でも麦は筋蒔きにしている。これもあるいはそんなに古いことではないかもわからない。鍬はもと除草のために多く用いられたようである。奥羽にも鋤だけで鍬を用いない農耕地帯がある。もとこのような地帯はきわめて広かったと思われることは、正月二日の鋤き初め行事に牛を田畑へ連れて出て、「の」の字形に犂を使用する所が少なくないからである。

長床犂の行われた所では、田畑の形が細長くなる。長床犂は鋤ながら方向を転ずることがむずかしいからである。なお耕地を見ていくと、平野の村には、村と村との境に不連続線が出ている場合が少なくない。三井楽の畑地〔写真〕にもそれが見られる。

四　猪垣

享保十年三月二十七日の小金ヶ原の将軍の猪狩に、猪・鹿を生捕・突留めたものが七、八百、網にかかった猪が六、七百あったという。（片山総左衛門日記による）〔『御鷹匠同心片山家日常襍記抄』片山總左衛門　アチック

ミューゼアム　昭和十四年〕

司馬江漢の西遊日記などにも、各地で猪を逐う声を聴いている。野獣を防ぐことは、農業経営の上の実に大きな負担であった。耕地の外に垣を廻らしてこれを防ぐ風景は、もとはどこにも見られたのである。耕地や集落の一角を垣内《カイト》というのは、こうした垣の内を意味しているかと思われる。中世の絵巻物にも、畑のほとりに垣を描いたものが少なくない。そして垣内と名《ミョウ》がもと一つものであったらしい土地も見かける。この垣には石を積み上げたものもある。数町歩をとり囲んだものもあれば、一町歩内外を囲んだものもある。野獣が減って猪垣もなくなり、これを逐う労苦もなくなった。しかし中世から近世へかけて開墾された土地で、一枚一枚の畑の境の外にもう一つ大きな区切を見つけることのむずかしくないのは、そこが垣のあったあとではないかと思っている。

猪垣　兵庫県加東郡上鴨川（現・加賀市上鴨川）

五　郷蔵

同族結合の強い大きい親方のいる村に郷蔵のあるものは少ない。親方の家が郷蔵の役割を果たしているからだ。組合組織の性格の強い所、あるいは大きな親方のいない所では郷蔵を持った。関東中部ではそこに多く稗を貯蔵し、関西では麦を貯えた。円城村の郷蔵〔写真〕は麦蔵で文政十二年に建替えたもの、それ以前の蔵は元文年間に建てられた。凶年には蔵を開いて窮民に麦を分つのだが、平和が続くと年々の貯えも多くなり、それを売って金にし、金を必要とする者に貸付けた。しかし明治になって交通が発達し、藩領の垣が崩れると、食糧の入手も容易で、郷蔵を必要としなくなった。そして郷蔵は姿を消す。その蓄積せられたものは、各戸に分配されて終ったものもあるが、毛利藩では明治二十二年の町村制実施にあたって、村役場学校などの建築費になったものが少なくない。

村の連帯性は文書の上からみると政治的圧力から生れたように見えるけれども、現実には生きるということの必然的な要求から生れた場合も少なくない。

六　燈火用具

明治以前の夜は暗かった。夜の世界を照らし出した用具を見ても、肥え松を焚くための台（ヒデバチ・トウダイ・カンタロなどという。）・行灯・提燈・蠟燭立などで、このほかに松脂蠟燭がある。篝火の光を昼を欺くとさえ表現している。妖怪談はこうした雰囲気の中で生れたのである。燈用の燃料は、山間では肥松が一番多く、荏《エ》（えごま）・ヒョウビ（犬榧）の油などが特別の日に用いられ、西南日本で

郷蔵　岡山県御津郡円城村（現・加賀郡吉備中央町円城）

は菜種の油が多く用いられた。東日本では鰯から採った魚油、九州北部では鯨油も用いられた。その他黄櫨《ハゼ》の実の蠟でつくる蠟燭は晴の日に用いられ、また提燈に点された。その燃え方によって「ロウソク何挺道」などといった。明治になって、石油ランプやガス燈が用いられるに至るのだが、人々はその明るさに驚嘆したのである。同時に書物の文字が小さくなる。ランプの光なら夜でも小さな字が読めるのである。電燈の点るのは明治も二十年代に入ってだが、夜の光が人々の感覚に与えた影響は大きい。

七　農具

江戸時代に用いられた農具をみると、鎌・鍬を除いては何程も鉄は使用されていない。鍬さえが木の床が付いて、その先にU字型の刃先がさしこまれているものが殆どである。稲をこくセンバの歯すら竹を用いたものが、つい最近まで関東平野では使用されていた。ここに見る金属製品は、備中鍬・板鍬・センバ・

行燈・ランプなど　島根県邑智郡田所村鰐淵（写真：森脇太一氏）

センバ・鍬・臼など　島根県邑智郡田所村鰐淵（写真：森脇太一氏）

マンガの歯・千石ドオシおよび目の小さい篩の金網だけで、他は全て植物製品である。その鍬やマンガ・犂などすら自分では持たなくて、鍛冶屋から借りて一年に何升と米を払った例が、越後から出羽の平野にかけては見られた。日本の農村へ鉄製品の浸透してゆく速度と量によって、農耕技術が進歩していったことを見逃してはならない。鉄の産地と量が限られていたために、農具にまで廻される鉄は何程もなかったのだが、それがまた農民に、自分たちの力で自分たちに適する農具を考案させる道を何程も開かなかった。江戸中期から改良せられる稲扱機・土臼・千石ドオシ・唐箕など、みな農民の考えたものではない。

八　テスリツム

綿が日本で作られはじめた室町末期までの衣料になった繊維は、多く植物の茎皮繊維であった。麻・藤・楮・マダ（シナノキ）・カラムシ・芭蕉などがその主なものでこれらの繊維はたいへん長いものであり、これに撚りをかけるにはテスリツムが用いられた。これは石器時代以来の紡績法であった。右手の持っているのがテスリツム。これを老女の前にある長方形の木の上でまわすことによって手に持っている糸に撚りをかける。こうすると糸に撚りがよくかかる。京都あたりで絞り染めの布を括る糸はテスリツムで作ったものが最適とされ、また網の破れを繕うにもこの糸がよかった。そのために陸中の山間ばかりでな

テスリツム　岩手県二戸郡

く、網漁業の盛んな地や京都付近にはこれが残った。またこうした糸で織った布は丈夫でゴワゴワしていて、砧で打ってもそう柔らかくはならない。洗濯するにも手で洗うには力が足らなかった。布を石の上に置いて、足で踏みつつ洗って、やっと垢も落される。

九　糸車

茎皮繊維から綿実の繊維が衣料として利用されるようになると、庶民の衣生活は漸次豊になる。しかし木綿は久しく絹に次ぐ高級品と考えられた。桂離宮の畳の縁を見ても、部屋の格式によって絹・木綿・麻の順序になっている。麻よりも木綿の方が大衆的になったのは、宝暦以後のことに属する。木綿はその繊維が短く、テスリツムでは紡ぎにくい。そこで考えたのが糸車である。この方が能率も上がる。糸車が普及し、麻などもこれで紡ぐようになる。木綿が麻の産額を超えると、今度は麻を高級品と考えるようになった。木綿は大阪を中心として広く瀬戸内海沿岸の子女たちの手で紡がれる。娘たちは一所に集って糸を紡ぐ。こうして娘宿が発達する。明治の終り頃まではどの村を歩いてもけだるいような糸車の音と娘たちの嬌声を聴いたものである。紡いだ糸は紺屋で染められ、機に掛けられる。白糸のまま織られることもある。綿屋は綿布一反と綿二反分と交換した。残りの一反分を織って自分の衣料にもし、売って金にもした。

糸車（わたひき）島根県邑智郡田所村鱒淵
（写真：森脇太一氏）

十　筌《うけ》

昔農村では魚を食べなかったとよく人々はいう。しかし人間が必要とするタンパク質の量は決まっているから、何かで摂らねばならない。もと池・沼・川・溝・水田などには、鮒・泥鰌・鮎・鯉・田螺などがきわめて多かった。そうした淡水魚は、釣って採ることもあったが、たいていはウケを用いて採った。多くは竹を用いて作り、その様式はヨコウケとタテウケに大別することができる。そしてそれは広く全国に分布し、ウケ・ウエ・モジリ・モンドリ・ドなどと呼んでいる。これに飯粒や田螺の砕いたもの・蚯蚓などを入れて、溝や池に漬けておくと、一夜のうちに五合や一升の小魚を採ることができた。それが食膳に上される。文書にも出てこない、交易の対象にもならない。しかし、こうして採捕され食料に当てられた淡水魚の量は、夥しいものであった。それが水田に石灰や石灰窒素などの化学肥料が使用せられるに至って、急激に減少した。と同時に海の魚が商品として農村へ浸透しはじめるのである。

十一　水唐臼《みずがらす》

土地によってはソウズ・サコンタロウ・ボットリなどともいう、

うけ（昭和16年）秋田県北秋田郡扇田（現・大館市比内町扇田）

梃子の理を応用したもので、水が桶にいっぱいになるとその重みで傾き、支えている棒は下がる。反対側に付いている杵は持ち上げられ、桶の水が空になったことによってもとの位置に還ると、杵は下がって臼を搗く。最も古風な水力の利用法だが、人々はこうして人力を省く方法を考えた。

やや水の豊かな所では水車を利用した。水唐臼よりは能率が良い。水車を利用して、川から水を水田へ汲上げる方法も、古くから行われていた。それが大きく利用されなかったのは、利用したい人たちのそばに適当な流水がなかったからである。それでも幕末になると、江戸の早稲田・渋谷などの川のほとりには米搗用の水車小屋が群生し、酒造の盛んな灘に近い六甲山麓にも多くの水車小屋が出来た。小規模ながらアメリカのフォールラインのようなものが日本にも生じつつあった。そしてそこにはかすかながら動力化への道が開けはじめていたのである。

水唐臼

十二　蠟締め

日本で蠟燭の用いられるようになったのは、いつごろからか明らかではないが、耶蘇会通信などによると、中世末にはすでに各地で用いられていたことが判る。その原料は魚油を用いる今日の白い蠟燭ではなく、黄櫨《ハゼ》を用いる木蠟であったと思われるが、その記述についてはまだ充分に確かめられてはいない。黄櫨の植栽は古くから行われていたが、その製法についてくわしくのべられたものは出雲の稲塚和右衛門の著書『木實方秘伝書』〔『復刻木実方秘伝書―雲藩櫨樹植林製蠟手記』稲塚和右衛門　アチックミューゼアム　昭和十一年〕が最初ではないかと思われる。出雲地方は早くから黄櫨の栽培の行われたところで、それにともなう製蠟の技術や生産方法も進んでおり、この写真に見られるような油締機が、すでに稲塚氏によっても描かれている。しかし大蔵永常（一七六八～一八六二）が出て、その有利なことを説き、その植栽を勧めてからは、西日本に広く分布を見るに至り、各地に蠟締めの工場が出来た。しかしその締機は、普通の油締めの原理をそのままに道具を大きくしたものに過ぎない。締枠に木を差込み、矢を打ち、それを縄で天井から吊下げた槌を打込んでゆくのである。こうした製蠟工場はひとり出雲に限らず、黄櫨の多い伊予・周防・長門・筑前・肥前などの各地に見られた。また黄櫨の実を突き潰すために、水車も利用せられた。瀬戸内海沿岸では、これらの工場はまた、菜種・綿実の油なども搾っている。そしてそれは、木綿織りの機屋以上に規模の大きなマ

蠟締め　島根県八束郡

ニュファクチュアであって、一工場に、五、六十人働いているものも少なくなかった。これらの工場は、水力を利用する関係から多く川のほとりに設けられていた。綿業はその後紡績工場の発達を見るのでしばしば経済史家が取り上げているが、藩政時代の蠟締工場は、何れも今日没落してしまっているため、問題にする人は少ないが、江戸時代末の西日本においては重要なマニュファクチュアであった。

十三　産小屋

古代から上代にかけては女の社会的な位置はけっして低いものではなかった。霊感を持ち、神の声を聴く力のあるものが女性に多いとされたからである。この事は辺鄙な田舎を歩いてみると、今も事実である。家の中における家刀自の権利は絶対で、我々が一夜の宿を求める場合でも、家刀自の許しがなければ泊れない。しかしやや開けた所では亭主一存になってくる。女の地位を低めたのには色々の原因があったと思うが、血を忌む風習から女の月経を穢れとし、これが仏教思想と結びつき女そのものをも穢れていると考えるようになったことも重要な一つであったと思う。女が神に仕えるためには清浄でなければならず、そのためにお産や月経の時は別小屋に生活する風が東は伊豆諸島から三河・紀伊・若狭湾沿岸・瀬戸内海各地などに見られた。多くは写真のように粗末なものであった。そういうものが産院にまで発達した香川県

産小屋　愛知県北設楽郡

伊吹島のような例もある。月経を穢れと考えなくなったのは明治以後のことだが、こうした忌み慎む小屋に籠らなくて済むようになったのは月経帯の発達のお陰だと思っている。

十四　井戸端の神

泉のある所に聚落が発生する。流れの水も利用される。平野の村では井戸を掘ることも古くから行われた。それはもと多く共同井戸として利用された。井戸のほとりには水の神がまず祭られる。多くの人々の祈りによって成仏されると考えられた無縁仏や牛馬の墓なども、井戸端には多い。水汲みに来た人々のほんの僅かな愛情の香華が、そこでは絶えることがないからである。井戸のほとりはまた良い情報の交換所でもあった。井戸端会議などといって女たちを非難する一つのシンボルにさえしていたが、じつはこれあって知識も得、村の統制も取れた。一つの井戸を利用する仲間を井戸組といい、それが葬式などの互助組合を兼ねているものも少なくない。信仰はそういう組織によって支持された。

井戸端の神　香川県小豆郡豊島村
（現・小豆郡土庄町豊島）

十五　庚申塔

井戸端でなくても、人の多く集まる所や人通りの多い所には、多人数の祈りを必要とする神仏が祭られる。庚申塔もその一つである。庚申の日は六十日に一回廻ってくるから、一年に六回あるのが普通だが、時に七回の年もあり、また五回の年もある。そうした年には何か異常なことがあると考えて、この神の祭りを厚くした。庚申塔の分布は関東・中部地方に濃く、村の辻に立っているのを見かける。出産を司る神と考えられる所もあり、運勢を司る神とも考えられたが、九州では庚申は道の神として祭られている。

庚申と対蹠的なもので、各地に祭られるものに地蔵がある。子供を早世させた供養のために建てたものが多いが、その他不慮の死を遂げた者のためにこれを建てる。このような信仰が全般化してくるのは元禄以後のことらしく、刻まれた年号を見てそのことをうかがうことができる。こうした石造物の種類・量・記年・在り場所などを見ていっても一村の消長・村共同生活の態様・信仰圏・文化圏などを探り当てることが出来る。たとえば、庚申塔の

庚申塔（昭和15年）
秋田県南秋田郡戸賀村（現・男鹿市戸賀）

庚申塔　長野県上伊那郡

分布している所には、地蔵様は少ない。両者全国に分布しつつ濃薄がある。両者には何らかの関係があるようである。なお真宗の行われている所にはこうした石造物はきわめて少ない。

十六　オシラ神

一般大衆に拝まれることによって神威を増したり、また成神できたりする神や魂は、人の集まる所や道ばたに多く祭られるが、その他に各自の家で祭られる神もある。先祖の霊をはじめ、三宝荒神・土公神・屋敷神・納戸神などはそれであるが、オシラ神も家の神としての性格が強い。東北六県に分布しており、二体一組である。オクナイサマ・シンメイサマなどともいっている。年二回イタコ（巫女）を招いて遊ばせて貰う。遊ばせるというのは、オシラサマを両手に持って唱えごとをしつつ、色々振りかざすのである。その時「まんのう長者」などの物語を語る。人形浄瑠璃の人形なども、起原をこうしたものに求めることができるのではないか。淡路の操人形師たちの妻はもと巫女であった。また操人形師たちは人形を持って家々の竈

屋敷神（昭和16年）徳島県三好郡西祖谷山村

オシラ神

祓いをして歩き、そのあとで人形芝居を行ったという。
家の幸不幸は、その火の清浄を保ちうるか否かということに大きく左右されるとかんがえられた日は久しかった。

〔『近世地方史研究入門』　岩波書店　昭和三十年〕

オシラサマ（昭和15年）
青森県西津軽郡車力村千貫
（現・つがる市車力町）

シンメイサマ（昭和15年）
福島県石城郡草野村
（現・いわき市平）

三　履物に寄せる心

一

昭和十五年二月十三日、私は大隅半島の大泊から、半島の突端佐多岬まで行って見ようと思って、朝早く出かけた。大泊からさきは道もいたって粗末で、浦回りになっている所は砂浜を歩く。踏みごたえのない砂である。大泊から次の田尻という浦までの間には低い峠がある。大泊のはずれから松の中に小道がついていて、その峠を越えるのであるが、私は松林に入ったばかりの所で学校へ行く子供たちの一群に出あった。小腋にしっかりと傘を抱き裸足のままの少年少女たちであった。すれ違う時一様に「お早うございます」と挨拶したが、何れも色の黒い眼のかがやいた素朴な子供たちであった。その日は朝から強い東南風が吹いて、時々雨が横なぐりに頬に叩きつけた。子供たちに行き逢ってから十間ばかり歩いて、私はふと右手の岩の上に立つ松の根に一足の下駄のおいてあるのを見つけた。美しい赤い漆塗りの子供の下駄であった。しかしよく見ると履物はそれだけではなかった。横に這うた根の下には何足も置かれていたのである。更に道の左手の岩の下にも何足かが丁寧においてあるのを見た。粗末な手製のものもあった。多分今し方行きすぎた子供たちのものであろう事は子供たちの数と下駄の数がほぼ一致しているので察せられた。私はその中の粗末な手製の下駄を取上げてみた。鼻緒は竹の皮の固いものであり、下駄は長方形の四隅をほんの申し訳に削ったもので松の木らしく重いものであった。下駄には少しの砂がついているだけで、土も何もついてはいなかった。子供たちは多分田尻から大泊の学校へ通っているのであろうが、家からここまでの間も下駄を持ったままで履いては来なかったようである。そして今ここへ置いたまま登校したらしい。

それから先、峠の上で逢った女たちの群れも裸足であった所からみると、このあたりには未だ裸足が当たり前なのであろうが、私はあの子供たちの下駄を愛惜する心に可憐の情を催したのである。子供たちは砂浜を裸足のまま元気よく歩いていったことであろう。

私はそれから大隅半島の東海岸を歩き、更に日向都井の海岸を一まわりして、杉安という所から肥後との国境に近い米良、南郷、椎葉という山深い村々を歩いた。南郷村から椎葉村大河内への道は槙鼻峠といって、もとは日向の海岸から塩の運ばれた道というが、今は通る人もなくて、全く途切れている所も少な

大隅半島の東海岸（昭和15年）

都井岬の海岸（昭和15年）

日向・椎葉村（昭和15年）
（宮崎県東臼杵郡椎葉村）

くない。その道に沿い椎葉村へ入って最初に通るのが大藪という部落である。大藪から大河内へは一里半ある。深い谷を見下し、山腹の所々に焼畑の稗の茎の立ち枯れたのが望まれる淋しい山道である。この山道で、私はまた子供たちの一群と出逢った。子供たちは挨拶してすぎ行こうとした。しかし私はその言葉が標準語でもなく、このあたりの方言ともやや異なったものだったので、足をとどめて聞きただしてみた。何故ならそれが如何にも古雅に聞こえたからである。しかし子供たちはただ笑って教えてはくれなかった。見れば子供たちは皆一足宛草履を背負っていた。中には腰にはさんでいるものもいた。背負うているものが新しければ履いているものが古かった。履いているものが新しければ背中の草履は破れていた。子供たちは破れた草履も捨てないのである。聞けば大藪から大河内へは子供の足で二時間近くかかるという。だから朝はくらい中に家を出かけねばならぬ。一日に往復三里余の石ころの山道を歩くと、草履もいたみ易い。そのために一足宛持って歩くのだとの事である。大藪は田圃のない所なので藁は大河内まで買いに行く。それを夜なべに母が作ってくれたのである。破れた草履はカクラ様（山の神）に供えたり、家へ持ってかえって更に家のまわりで緒の切れるまで履くという。

子供たちと別れて、それから少し下った道ばたの山手の急傾斜の草むらに破れた草履が二足きちんとならべておいてあるのを見た。多分はあの子たちが捨てていったのであろうが決して道へ履き捨ててはいなかった。

このつつましい子供心はまた親の心であった。大河内の部落へ下りて、とめてもらった百姓家の主人は「昔は草履は土がつき過ぎると必ず洗って軒下などに乾してまたはいたものです」といった。そういえば古くはどこの家でも軒下や垣根の上などに古草履が乾してあるのをよく見かけたものである。それがゴム靴や地下足袋の流行から草履をはかなくなって、次第に見られなくなった。しかし広い日本の中には未だ草履をはいている所が残っている。美濃の奥から越前の石徹白へ越える桧峠の麓の前谷などもその一つである。春も近くなった頃この村を通りすぎると、一冬中いろりのそばで作りためた草履を二階の屋根の下へ何百足というほど吊り下げている。これが一年間に履かれる事になるのだが冬の雪水にあうと草履が丈夫だとて、こうして外へ吊しておくのである。いかにも豊かな風景である。しかし秋の末、この村をすぎた時、二階の軒に草履はいくらも吊り下がっていなかった。そのかわり軒下の葛石の所には古草履の洗ったものがずらっと並べて乾してあった。

土佐の山中や出雲の海岸、また瀬戸内海の島々でもこのような乾草履にはよく出逢ってなつかしい気がしたのであるが、たまたま先頃西宮の酒蔵を見学した時、蔵人たちが大きな仕込桶の上に上がって行くのに草履をはき、下りてきてからは丁寧にその草履を始末しているのを見かけて、そこに古い日本人の心を見たように思えてなつかしかった。

草履は本来足に履くものであるけれども我々の祖先たちはこのようなものに対してさえ驚くほどつましい愛着の心を持っていた。岩見の山中に七十余年の生涯を遂二三年前に終えた田中梅治翁は得難い篤農で『粒々辛苦』（『粒々辛苦・流汗一滴』田中梅治　アチックミューゼアム　昭和十六年）という名著を残しているが、翁はあ翁の家の軒下に吊っているエンボーとよばれる藁の深靴に心をひかれて譲ってもらおうとした時、翁はあわてておしとどめ「それは私のはいていたものだからゆずられません」ときっぱりいった。それは弱いからまた古いから譲れないというのではなかった。翁のものだからゆずれないのであった。即ち血の通っている程の愛着を覚えての事であった。「またこの冬もはかねばなりません。破れるまでは履かねばなりません。あなたには美しいのを作ってあげましょう」そういって私の持っていたのを取上げてまたもとの釘へかけた。その後翁は真心のこもった美しい藁靴を送って下さった。藁靴一足を作るには一晩かかるという。「手の込んだ仕事を一生懸命にやっていると遂夜の更けるのも忘れる。それだけに履く日がたのしい。地下足袋が出来て便利にはなった。しかしそれだけ心も横着になった。電灯がつくようになるとかえって夜業《ヨナベ》をしなくなった。便利という事が私たちの生活から勿体ないという気持を奪って行きます」それが翁の言葉であった。よしそれが粗末なものであるにもせよ、手塩にかけたものこそ愛着を持ち得たのである。

大和天ノ川という所は吉野の西奥、十津川の一番上流に位する谷であるが、昔から山仕事のはげしい所であった。従って女たちも糸機の道を学ぶという事は殆どなかった。多くは下市あたりへ出て古着を買って来て間にあわせたという。それでもサシコの足袋ばかりは自分で作った。買って来た足袋の底がやぶれてしまうと、底を切りとって別の布を底にあて、甲も底も太い糸で丁寧に刺して丁度柔道着のようにするのである。こうすれば山へはいて行っても切株で足を突き抜く事もない。女はこの仕事を飯を炊く間や食事の後の休憩に熱心に行う。私たちが話をきかしてもらっている間にも針を刺している。古い足袋はこうして再生して行く。一足を刺すのに一月もかかる事があるという。私はとうとうゆずってくれなどとはいい出せずにその村を立ち去った事があった。だがしかしそこから天辻峠へ上がって行く途中の木の根に一足、捨てたのか、忘れたのか置いてあるのを見て、そっとリュックサックへ入れて持ってかえった。

二

ごんづわらじに　がまはばき
知らぬお方に　酒三升
しかもその日は　加茂祭

仕官をやめて母への孝養のため近江の国へかえってきた中江藤樹先生は、ささやかな酒屋をはじめられた。酒壺と酒汲む杓だけで事足りた簡素なもので、人々はこの店に来たって各自、酒壺から酒を汲んで買って行ったという。絵のように美しい情景である。その店へ見かけぬ男が酒を買いに来たのである。金も持たないで、先生はそれを帳面の端に心覚えのために書き付けられたのがこの歌である。無論代償は後から持って来たという。聖人の村のこれは美しい詩である。

　さてここに見えたゴンヅ草鞋というのは乳《チ》のない草鞋でゴンゾー草鞋などともいっている。草鞋は普通には乳の二つまたは四つあるものである。先生の印象に残ったのはそのゴンヅ草鞋と蒲のはばき（脛巾）であった。蒲のはばきは、蒲を苫のように編んで作ったもので、ほんとに美しい。所々に紺の布やら棕櫚《シュロ》を入れると縞模様になって、今の人たちがゲートルのかわりにしても行きずりの人の心をひく美しさがある。ゲートルの渡来する以前にはこのような蒲はばき、棕櫚はばきをはじめ藁やコオ

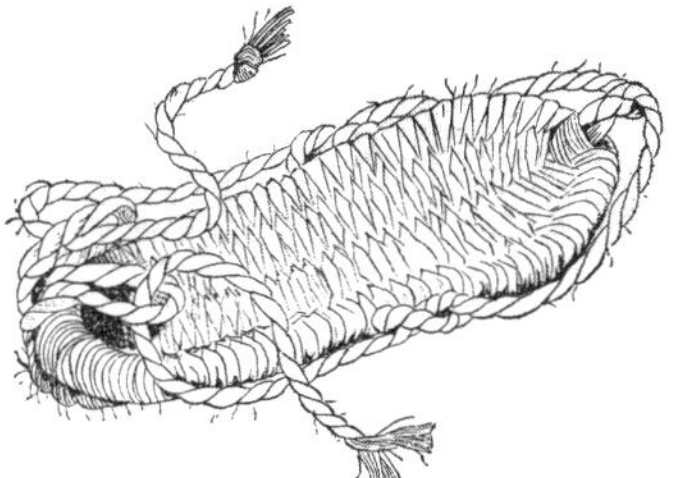

ゴンゾワラジ　滋賀県高島郡朽木村大野（現・高島市朽木大野）（『民間服飾誌履物篇』〈宮本勢助、昭和八年、雄山閣〉より）

ラや山菅や道芝などで作った脛巾を、布の脛巾と共に用いた。それを巻く事によって足を軽くしたし、また山仕事では足を傷つける事が少かったからである。しかし何時しかゲートルがこれらのものに代わるようになったが、田仕事や雪の深い所ではゲートルでは都合が悪い。その為に今も片田舎や沼田の多い所では昔ながらのものの行われているのを見る。そしてその古風なる脚絆は、これを作った人の個性が出ていて自ずから見る人の印象に残る。

広島県山県郡八幡村樽床(昭和15年)(現・山県郡芸北町)

　昭和十四年十一月の末私は安芸と石見の境なる山中を雪になやまされつつ歩いた。長者原という所から樽床への道で、本当に美しい棕櫚の脛巾をつけた男が私の前を行くのである。少しびっこをひいているが足が早い。私はその脛巾に心をひかれて、話しかけたかったのだが機会を失ってしまって、遂に男を見失った私はその夜樽床の宿にとまり、翌日午後三段峡の勝を探って暗くなってから横川という所へついた。宿をある民家に求めてそのいろりのそばに坐った時、いろりの上の火アマの端に吊り下げてある棕櫚の脛巾を見た。それはたしかに昨日のものであった。話はそこからとけていった。安芸山中では棕櫚の外にコオラという草でも脛巾をつくるが、棕櫚は雪をはじき、またぬれてもくさりにくいという。用いた後はこうして火アマの端などに吊って乾しておくのである。火アマは火ダナといっている所もある。いろりの上に自在鈎を中心にして吊った四角な棚で、その棚の上には雪の降る頃であれば足袋や藁靴までのせて乾してある。本来いろりは神聖なものであり、いろりの中には唾をはき込んでも行けないし、足を突込むことも許されなかった。その火の上に履物が吊って乾されているのである。東北の雪の中を歩いた時、私のゲートルが幾度かその火アマの端に吊り下げられて乾かされた。坐っている者の頭の上にひらひらするので気になったが、家の人たちは気にもとめなかった。翌朝出発する時、どこの家でも丁寧にきちんと巻いてくれていた。

ただこのような事から考えてみても履物は今日我々の考えている程不潔なものではなかったらしいのである。そうして脛巾から受ける美しい印象は足につけられるという事によって不潔の感をよびさますものではなかったようである。

東北地方の秋田青森などでは布製の模様のある脚絆をホシといっている。アイヌでもまたホシである。大和及び河泉の村々では三尺帯の事をボシまたはボオシといい阿波では紐をボシといっている。これは必ず烏帽子にも関係のある話であろう。そうして帽子はどうやら頭へかぶるものだけではなかったらしいのである。

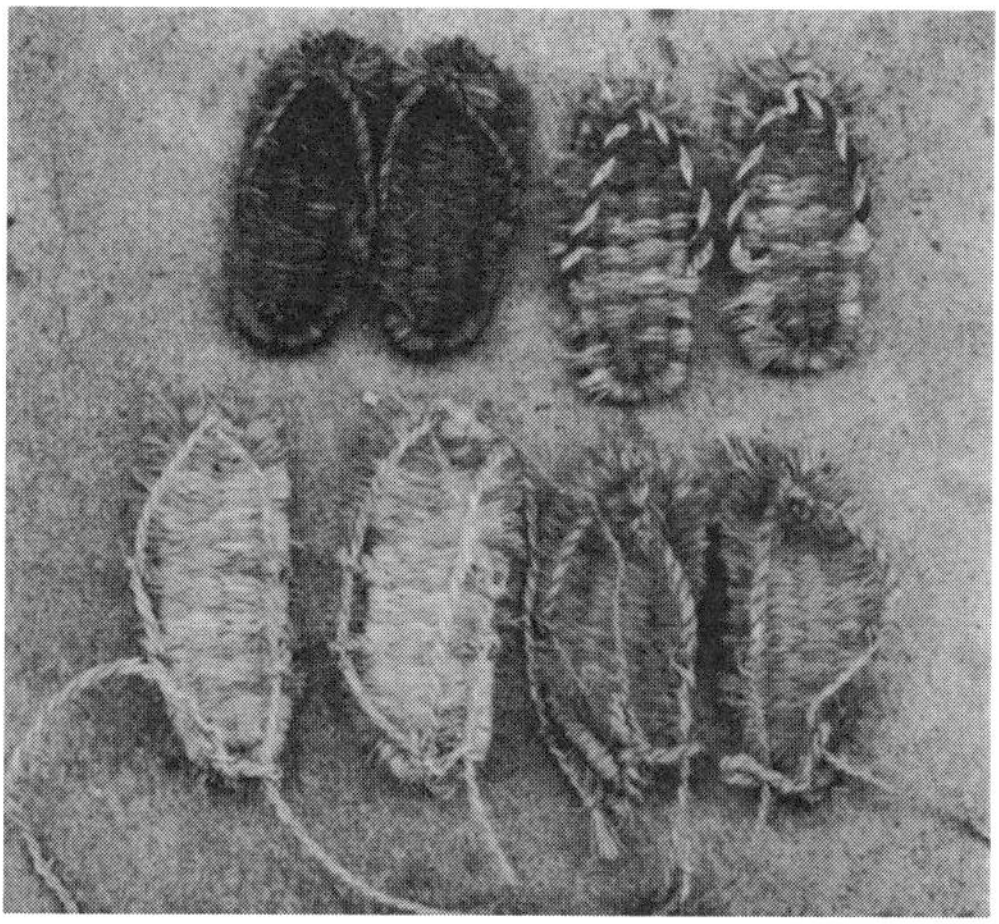

わらじいろいろ　アシナカ(足半、左上)、ゾーリ(草履、右上)、チワラジ（乳草鞋、左下）、アシナカワラジまたはゴンゾワラジ（足半草鞋、ゴンゾ草鞋、右下）（写真：潮田鉄雄氏）

三

夏山に足駄を拝む首途かな

これは芭蕉の句の中でも私の好きな一つである。奥の細道の旅に、那須の光明寺の行者堂で役行者の像を拝した時のものである。行者の像は普通足駄をはいて岩に腰を下ろしている。芭蕉は多分その足駄によせてこの句を物したのであろうという説もあるけれども。むしろその像の前に供えてあった足駄を拝しての句ではないかと考えるのである。関東における役行者像にあまり接した事のない私は関東にも行者像に下駄など供える風があるかどうか未だ見聞していないけれども、西日本には広く見かける風景である。山の入口などにある露座の石像の前にはもとは必ず下駄、足駄、草履の類が供えてあった。殊に大和、河内、和泉の葛城を中心にした谷々には申しあわせたように谷の口にこの石像があって、この風景をなつかしいものに思った。行者は足のたっしゃな人で、それにあやかって足の丈夫になるように供えるともいい、足を病む人がそなえるともいい、山仕事に行く杣人が山で怪我をしないために供えるともいう。要するに道祖神に草履、草鞋などを供える風習とその目的を一つにするものであろう。そしてまた芭蕉の心も、これからさきにかかえた長旅の恙なきを祈る事にあって、下駄を供える村人の心を心としたものであろうともう。

旅を志す者たちが履物を神仏に供える風習はそのほかにも多い。殊に四国八十八ヶ所の札所にはこの風景を多く見かける。そしてその遍路たちは、小さな草履を一つずつ背中に負うて行く。この一足は弘法大師と共にまわっているとの意識から大師様の草履だといっている。その小さいものになると、拇指にも及ばぬ程のものがあって、そういうのは紙撚などで作ったのがある。また、遍路の都合で一回で全部の寺をまわってしまう事の出来ぬ人は、その中止した寺の仁王門に自らはいた草鞋をかけてかえり、次にまわる時はその寺からその草鞋をはいて行を起こすともいう。

四国遍路の影響か、それとも更に古くからの風習なのか、四国には草履が祭祀に用いられるのを屢々見かける。殊に土佐西南の幡多郡山中では道ばたの小さい社などに夥しく草履の供えてあるのを見かけた。これは単に足の丈夫になるためのみではなくて、子供が丈夫に育つようにといって供え、また子供が初めて草履を作った時そなえたのもあるときいた(幡多郡十川村地吉)。さらに言えば甚だ稚拙なものの供えてあるのも見かけたのである。十川村地吉は古風の殊によく残っているらしい所で、ゆっくりと腰をおちつけて聞けば、ずいぶん暗示を得る事があるのではないかと思ったが、雨の中を私はあわただしく通りすぎたのである。

同じ幡多郡地方から旧宇和島藩領内にかけては、陰暦一月十五日前後に村の境へコンゴーという草履を竹などにくくりつけて立てておく風がある。その大きなものになるとずいぶん見事で、私の小さなリュックサックには到底入らず、採集を断念した事がある。幡多郡の海岸地方ではこの草履を立てる日を春祈禱と呼び、村中一同

村境に下げる大草履(新潟県佐渡郡小木町強清水)
(写真:潮田鉄雄氏)

会所に集まって村中安全の祈禱をなし、後村境に至って道に注連縄を張り、その注連縄の真中に草履を吊るのである。これらはすべて片方だけである。而してこの草履を吊る理由としては同郡山中地方では春さきになると、山から目一つの小僧がやって来るが、その小僧に、この村にはこの様な大きな草履をはく人間がいるという事を示して、目一つ小僧を脅し村の中に入れぬ為であるといい、海岸地方では一年中災厄の村に入らぬための呪いであるといっている。

ところがこれによく似た風習は広く各地にあって、上野の赤城根村では注連と大草履を村境に張り、これをはく程の荒神が村内にいるから疫病の入らぬようにとの心からであるといい、下野の野上村では部落境にハッチョウノジメを張って、これに片草鞋・片草履・輪注連・ゴヘイなどをぶら下げた。さらに信濃美和村では小正月に村境に張る注連に長さ一尺巾五寸位の百足の如くヒゲのある草履や藁製の蛇などを下げ、同じ信級村でも注連に大草履を下げた。遠江気多村では近村に疫病あるとき村の入口に注連を張り門口に草履を下げ

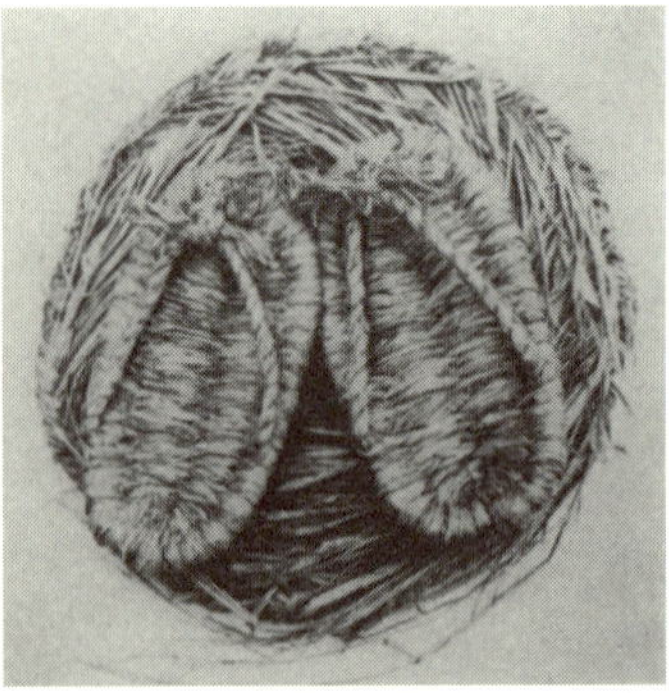

疱瘡除けの足半(岩手県岩手郡雫石町)
(写真：潮田鉄雄氏)

サンダワラが積まれた疱瘡神　山形県東田川郡泉村下川代(現・東田川郡羽黒町大字川代)

たりするという。（『山村生活の研究』柳田國男編　民間伝承の会　昭和十二年）

東北地方もずっと北になると、村の社の鳥居などに草履の吊ってあるのを見かける事がある。殊に羽前羽後の村々には村内に小さい瓦製か木の祠があって、その前に小さい鳥居を立て、その鳥居に草鞋の沢山吊下げ、また祠前にサンダワラの積んであるのを見る。これは疱瘡神送りのためのものである。『羽後飛島図誌』（早川孝太郎　郷土研究社　大正十四年）にはその写真も出ていて心にとまる。津軽及び上北地方の社や村の入口の鳥居などには小さい俵と共に草鞋の下げてあるのを見かけた。これらについてはくわしく聞きただしたのでないから要領を得ていないが、こうすればよい事があるという。尚疱瘡神のまつりに草履を供えた例は徳川時代の文献にも見える。

四

まず菅江真澄が『秋田の仮寝』の天明四年九月二十二日、坂田の條に「路のかたはらにわらうたしきて、そが上にあしなかのわらくつ、五色の紙のみてぐら、かはらけのさらに糸つらぬきて長箸そへたるは、もがさの神祭るとてその家にものして、村さとのはしに捨たる也けり」と記しており、松浦静山侯も『甲子夜話』続編の寛政紀行、同十二年十月十七日の條に筑前での所見として「村々の戸毎に小さき足を竹杖の頭に貫きてたて置きたり。其ゆゑを聞に今此邊に疱瘡流行すれば其患免れんが爲なりといふ。其事を問に此病には小童好女老媼数種あり（中略）媼来れば痘至って重し因て豫てこれを設る時は媼来り杖履を視て爺夫はや来り居給ふと曰て還て戸に入らずされば其難を免るなりといへり」とのべている。蓋しその理由とする所は村人の附会であろうが、遠く離れた二地にほぼ同様の習俗の存した事には深い意味がある。

沓掛という地名などもかかる習俗に関連するものであろう。そうしてその地名の相当広く分布している所をみると、古く境の神に沓を掛けて祈る風が全く普通一般の事であったと思われるのである。かかる祈願は村内共同で行われる事が多かったのであるが、村の統一が乱れ、村一般の幸福よりも個人の幸福が望まれるようになると、習俗も個々の家に属することになり、今から十四五年も前に河泉の農村を歩いていると、農家の入口に牛の沓や古草履のかけてあるのをよく見かけた事があった。これは一家に幸福を招来しようとする心からであった。そうして中には鋏蹄〔鉄蹄〕まで吊り下げた家さえあった。このように草履を供える神が多くは土地の境におられた事は注目すべき現象であるが、どうしてそういう所で草履を神にささげたり、また魔除けにしたのであろうか。その一つの手がかりは土地の神の支配の限界において履物を替える習俗が古くからあった為ではないかと思われるのである。

長塚節の紀行文『山鳥の渡』〔長塚節　春陽堂　大正十一年〕であったろうか。陸前の金華山へ渡っての帰さにその草鞋を島において戻るような記事があり、これは島の神が、神聖なる土をほかに持ち去られるのを忌み給う故であったと記憶する。これに似た例は会津飯豊山にもある。同山の頂上付近、乗越しの鞍部に草履塚とて信者が草鞋を替える場所があり、信者はここで草鞋を替えて山頂の神祠に詣で、下山の折またここで草鞋を替える。これは山の神聖を汚さぬためと同時に山上の土を持ち降って山が低くなるのを惜しむためという。羽前月山頂上の月山神社の前にも草鞋脱場というのがあるが、私は湯殿山の麓の大日坊の門の所でも門内に入るものは履物を脱げと書かれていて面喰らったことがある。また加賀白山の大汝峰頂の社頭にも登拝者が草鞋を新にするための履き替えで、古草鞋の山積が見られるが、これも山の神聖を汚さぬ心からであるという山と人の生活。かくて我々は神聖なる土地への参拝などにおいて、その履物を仕替え、やがてそれが履物を神に供える習俗への変遷となったものであると考える。しかし、これだけでは履物の神聖な所為は明らかにされない。

五

沖縄島に近い沖永良部島では男から女に愛情のしるしにヤツタナーヲサバ（八よりの鼻緒をすげた草履）を贈り、女がこれを受け取ることは多少とも女も好感をもっていることになっており、女たちはこれを踊りの時に履いて誇りにした。（『シマの生活誌』野間吉夫　三元社　昭和十七年）

奄美大島の東にある喜界島でも男が女に藺《イ》で作った草履を贈り、女は男にシハン手拭を贈る。これには男女掛け合いの情緒ゆたかな歌が伴うていた。このような例も探せば尚多い事であろうが、盆正月の贈物に履物を用いる地方の多いのも関連があると考える。盆正月の贈物は本来晴の日のものとして平生は用いないようなものがもとは選ばれたのである。そうした中に履物の加わっていることは注意すべき事であった。そして周防の大島のように女が愛していた男への絶交のために紺の足袋を贈ったのは「このたび限り」をもじったものといわれているけれども本来は足袋を贈ることは愛を拒絶するものではなかったと考える。珍しい例であるが、『信長公記』（慶長五年・一六〇〇年）や『信長将軍記』（寛文四年・一六六四年）に刀根山の合戦にて信長が足半《アシナカ》を、勲功のあった金松又四郎に与えた一文がある。それによると信長は戦場に臨むご

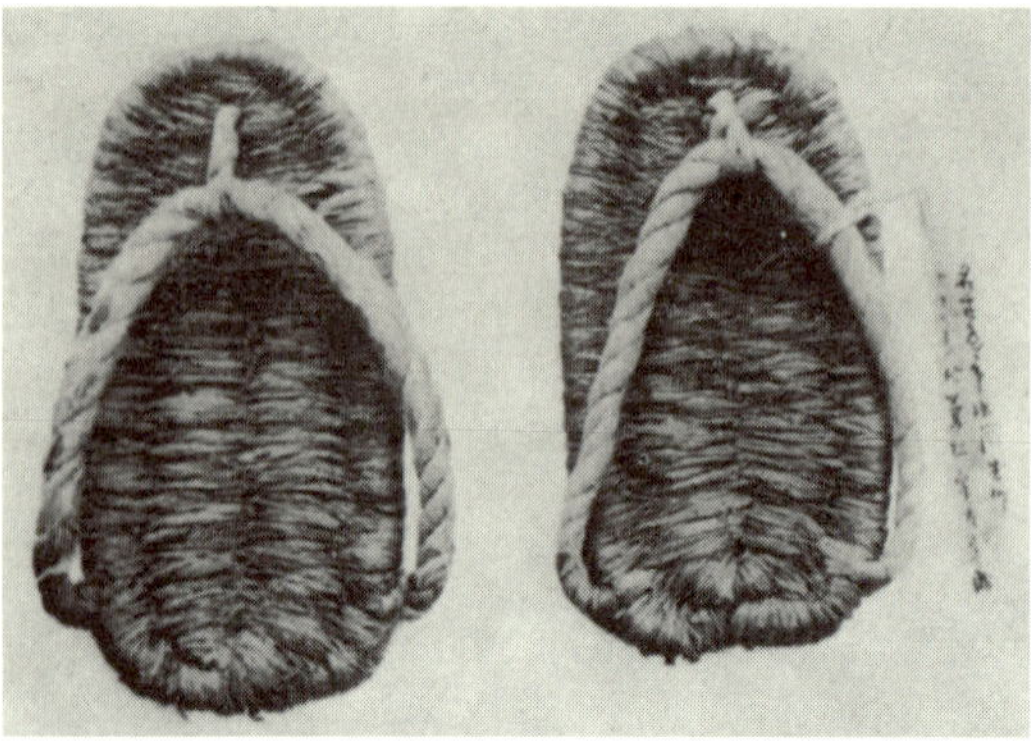

信長が金松又四郎（兼松正吉）にほうびにやった足半
（関東大震災で焼失）（写真：潮田鉄雄氏）

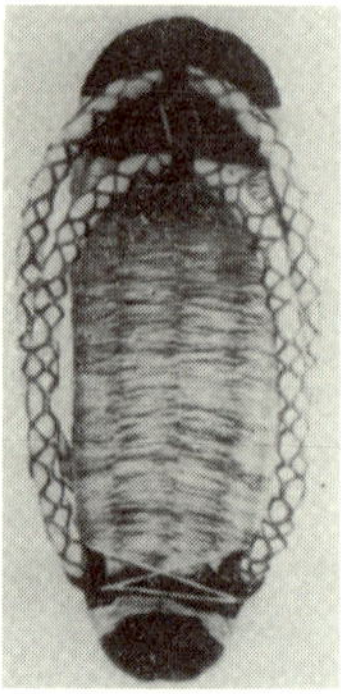

青年が恋人へ贈る
藁草履　伊豆 新島
（写真：潮田鉄雄氏）

とに〔足半を〕刀の鞘につけていた。そして『三川随筆』によると、戦う時は皆足半をはく、草鞋であると中へ石砂の入った時は障りになって働き難い、故に大将さえ足半を用意して持っていると見えている。さて金松がこの足半をどれほど大切にしたかは同家の家宝として今日に伝えられている事からしても察せられ、その模造品は史料編纂所にも納められた程であった。

　戦場における足半は実用的な意味が大きかったようであるが、足半には礼儀なしともいわれ、『宗五大双紙』には「あしなかには禮はない、惣じてしきれ（尻切）などには禮はない。しきれは沓代であり、沓には禮なきものと公家衆はいっている。但し今は禮があろう」とあって足半の履物としての位置を知ることが出来る。而して将軍家では邸内、庭園内までその着用が許されていた。但し禮なきものといっても限界があって宮中は御車寄、将軍家は御縁までであった。また貴人、主人、他人の前などではその着用は遠慮され、『今川大双紙』には「主人の傍を通る時には沓でも足半でも主人の方をはずして通るべきである」といっている。幕政の頃には、百姓たちが庄屋の前を通る時は履物を脱いだものであるという事をしばしば聞くが、そうした習慣もすでに室町初期に行われていた事を知る。かつかかる規定が『今川大双紙』を初見として徳川時代の書物に多く見かけられるのは武家社会における新たに起った制度かと思われる。

足半が本来特別の日の履物であったことは親王・将軍・大名をはじめとして、そのおともの者共が必ず足半草履を着用したということによって知られる。『惣見記』にも天正七年十一月一ノ宮親王二条御所行幸の條に「北面ノ御侍衆十一人折烏帽子素袍袴足半ナリ」とあって足半が礼装の一つであった例を見る。

このように今日では労働用として、破れてしまえば道ばたにはき捨てられる草履の類ももともとは決して粗末にすべき性質のものではなかった。即ちそこに何等かの神聖なるものを認めていたのである。（以上、足半については『所謂足半について（予報）』による所が大きい）（『所謂足半について（予報）』アチックミューゼアム編　アチックミューゼアム　昭和十一年）

かかる履物の神聖感を裏付けるものに子供たちの草履かくしの遊びがある。子供たちが藁草履の類を履物にしていた時代にはなつかしい遊びの一つであった。そしてこの遊びは広く全国に分布し、その折に鬼をきめるのに歌を以てする地が多い。東京では、

草履きんじょ　きんじょきんじょ
流しの下の菖蒲が咲いたか
まだ咲き揃わぬ　妙々車を手にとって見たれば
しどろくまどろく十三六よ

ぬけたあらどんどこしょ

といっているが、甲斐の北都留郡では

じょうりけんじょにつけんじょ
につこのまつこのうらを
あこふじめくらが杖ついて
通らば通れ　そりょそっちへかんのけろ

と唱えている。これによって「じょうりきんじょ」は草履献上の事であったと考えられる。この系統の童謡は相当広く分布しているようであるが、子供の遊びの多くの起原が、古い時代の神事に求められる事を考えると、境の神への草履献上に伴う神事の名残ではないかと思う。この童謡が西日本ではかなり詞章の混乱を見ているけれども、瀬戸内海地方では

草履かくし　九年母
橋の下の菖蒲　刈っても刈れん

という言葉ではじまるものが多い。ただ童謡の性質としてその後半は殆ど千差万別になっている。ところがこの「橋の下の菖蒲」なる言葉も狂言の苞山伏・柿山伏・蟹山伏などに見えた、山伏の祈りの言葉としての「橋の下の菖蒲は誰が植えた菖蒲ぞ、ぼろおんぼろおん」という唱え言に関係があるかと思われる。即ち草履献上に際してこのような唱え言がなされたのではないかと考える。これには尚深く探求する必要

草履近所「東都子供あそびの図」
『吾妻余波《あずまなごり》』（明治18年刊）より

があると思っている。

同じ草履かくしの鬼ぎめに、草履を投げあげて、落ち来たったものの表裏をなすを見て定める例がある。徳川時代では『嬉遊笑覧』（喜多村信節　文政十三年）にこの例をあげている。ところがたまたま天気予知についての全国の俗信を集めている際に、翌日の天気予知に履物を投げあげて、その落ちたものの表裏によって晴雨を占うという例がいくつかある事に気付いた。表向きであれば晴、裏返しになっていれば雨だという。草履かくしの鬼ぎめの方法から思いついたものとも言えるけれどもむしろ天気予知に履物を使った方が古いのではないかと思われる。その故は、我々は草履について、或る呪性を認めていた例によって察する。即ち履物の神聖視せられた所以は履物に呪性ありと考えたからにほかならぬ。

足半草履は多く鼻緒を角結びにしているがこうするとマムシに嚙まれないといい、足半をマムシヨケノゾーリという所は少なくない。更に葬儀の際足半を用いる所も少なくないが、静岡地方では魔除けのためといっている。これらについては『所謂足半について』に尚いくつかの例が出ている。

足半が魔除けに用いられた話は昔話の中にもある。昔男がツノムスビの草履をはいて川へ釣りに行っていると、水蜘蛛が出て来て、ツノムスビの所へ糸をかけていく。やがてその糸で以てぐいぐい男の足をひくのであるが、この草履をはいていたために助かるのである。この話は薩南諸島をはじめとして全国各地に分布し、大和天ノ川村や肥後の阿蘇山麓では伝説化しており、阿蘇山麓では「オトロシガ淵へ行くのに蜘蛛の災いを逃れるために足半を履く」といわれている。

ではどうして履物に（特に草履に）こうした神聖感や呪性が認められるようになったのであろうか。

六

信濃路は今の墾路《ハリミチ》刈株《カリバネ》に足ふましむな沓はけ我が背〔『万葉集』巻一四　三三九九〕

万葉集をよんでいて心にのこる歌であるが、この沓がもとどのようなものであっただろうかという事をいつも考えてみる。つい近頃まで行われていた熊狩などの皮で作ったものであろうか。それとも藁製だっただろうか。切り株に足をいためない為ならば多分皮沓であったとも考えられるが、今日足半を履いて歩くと棘が立たぬといわれている所からみても、藁製の簡単な履物にもある強い力が認められていたと考えられる。つまりどのような沓であってもそれを履けば切り株に足をいためる事はないとの考え方が古くあったのではないかと思う。従って「足踏ましむな沓はけ」という言葉は単に実用的な意味ばかりでなく、そこに履物の呪力を頼む心が深かったようである。奄美大島の宇検村ではアシニヤ（足半）の鼻緒の結びを「トラノクチ結び」といい、この結びは「カゼを除ける」という。此地でカゼとよぶのは手足の節々が原因不明で俄に痛み出す病気を指している（『所謂足半について』）。此のカゼは風邪と同じ意味を持つものであろう。日向の山中にある東米良村では、山道を歩いていると悪気のある草に足のふれる事があり、そうすると重い病になるといわれ、これをクサブレルという由である。皮膚病をクサというのも、これがクサの露にふれて出来るという俗信によるものである。この俗信は各地にある。くたぶれるを草臥と書くのも本来、草にふれて身体に違和を起こした事を意味したものかと考える。これについては柳田先生の「カゼとクサ」（昭和十一年八月六日、第二回日本民俗学講習会講演）なる御講演に私も多くの示唆を受けたのであった。ところが日向ではクサブレないためには足半をはけばよいといっている。更に各地に目に見えぬ動物にカマイタチなるものがあって、これに噛まれると足の裏などの肉がさけて大きな口のあく事があるという俗信がある。全く剃刀で切られたように肉のさけるものだそうで、さけた時は少しも痛くないそうである。旅をしていると、近頃でも時々この話をきくのであるが、この目に見えざる魔性を避けるためにはやはり足半をはくべきであった。

何故かほどまでに足半の類が呪力を持っていたか。それについて私は本来日本人は裸足で暮していたことに解釈の鍵を見つけたいのである。万葉集の歌の「沓はけ」という妻の言葉の裏には日常裸足で暮している夫の姿がかくされている。

古い絵巻物など見ても貴人や旅人はとも角として庶民の多くは裸足である。近世初期多く作製せられた南蛮屛風など見ても履物をはいていない者が多いのである。これを我々の経験に徴してみても田舎で裸足は珍しい事はなかった。もし明治時代に警察で裸足と裸体とを厳重に取締まらなかったならば昭和の今日尚多くの原始風景を見る事が出来たであろうが、明治以来の急速な欧米化から国民の風俗は一変し、今では関東平野の村々か南海の島や海のほとり或いは僻陬の山村などでないと、かかる素朴なる姿はあまり見かけなくなった。つまり、日向山中でも奄美大島でも平生の日は裸足で暮らしていた所なのである。故に如何なる粗末な履物であるにもせよ履物をはくという事はすでに特別なる心持ちを持ったのである。

本来土地にはよからぬ霊のいくつもこもり、時にこれが我々に危害を与える事があった。裸足でいると特にそうした悪霊に犯される事が多かった。ここに土を忌む心がおこって来る。忌土の習俗は裸足を通常とする民族には一般に見られるようであり、東南アジアの諸民族にはこの傾向がつよい。高床家屋の発達も、土を忌む事を主要なる原因の一つとしている。而して東南アジアでは高床家屋地帯と裸足習俗地帯が大体一致しているようである。つまり土中にひそむ、或いは地上にさまよう悪霊に災いせられぬためには土に接しない事が第一の条件であり、厳粛なる祭祀などに際しては特に身を過ちなからしめる事、汚さない事が大切であったから、ここに土にふれざるための手段として履物が用いられたと考える。そうしてこの土にひそむ悪霊から隔絶するための履物にやがて呪性が認められて村に用なき神の侵入を防ぐために境にも履物を祭るに至ったのであろう。

〔「學海」第二巻八号・第三巻二号　昭和二十年十二月・昭和二十一年三月〕

四　野宿

一

我々が今日いくら辺僻な所を歩いてみたところで、昔の人の味わったような旅の苦労をすることはないであろうと思う。今旅をしてみて、泊るのに困るということは殆どない。宿のない所でも事情を話せば、たいていとめてくれるものである。ところが明治の初めまでは必ずしもそうでなかった。私の外祖父は若い時土佐から伊予の奥へ木挽に行っていて、中途から大工になった。そして東京から西をずいぶんうろついたものであるが、若い時土佐の山中から故郷へ戻って来る途中、山小屋などで野宿同様に寝ることは多かったという。また三津浜まで戻って、そこから周防へ渡る番船を待つのに泊まる金が惜しくて浜で野寝したという。半年稼いで一両も儲ければ余程よかったそうである。

河内滝畑の左近老人もよく旅をしたが、野宿したのは始終のことであった。人はそうそう宿を貸してくれるものではなかったという。辻堂とか縁の下などでねたものだそうである。

そういう所へもねられない時には、全くの野宿であるが、そんな時には土の上に大きな輪をかいて。

「親にはなれたみなしどり、一夜の宿をかして下され、アビラウンケンソワカ」

ととなえれば、そこに寝ても魔にさそわれないということであった。

日向米良の山中でも野宿する時には四方へ石を投げて、これだけの土地を貸して下さいといって、山の神に土地を借りて、寝る時は山の神が守って下さると信じていた。

野宿するということが、それが旅でなくても、最も危険なことであっただろうと思われる点は、もと野獣の多かったことでも分るのである。そうした野獣の中でも狼は殊のほかに恐しいものとされていた。狼の千匹連れの話は幼少の折よく聞いた。狼は障子の桟のかげにでも千匹かくれるものだといわれていた。狼の悪口を旅先でいうたりなどすると、その翌日はきっと襲われるものだと信じられていた。そうして狼は我々の故郷では山の神のお使でもあった。心正しいものは必ず守って下さったのである。旅をしていて、夕方家に入る時は必ず外へ向き直って、「御苦労でござった」とお礼をいうものだと祖父からよく聞かされた。また足などすすいだ水を外に捨てる時には必ず「よってござれ」というものだとも教えられた。これは狼に水がかからぬためであった。

大和大塔村などでも送り狼とて狼は人を送って来てくれたもので、送って貰った者は在所まで来たら「よく送ってくれた」とお礼をいうべきものだと信じていた。

ところが土地によっては途中で倒れでもすると、いきなりその狼がとびかかって来て食い殺すものだともいっている。

周防平郡島《ヘイグントウ》などでは、この送って来てくれるのが狼でなく、山の神自身であった。山の神が送って来ているのは、そのイサム声で分かった。船にまつる船玉様は、時化のある時など、チッチッといってイサミなされるという伝承があるが、この島では山の神もチッチッといってイサンだのである。その声が船玉様よりは忙しいそうである。山へ仕事に行って日の暮れるまでいると、山道でイサンでいる。家へ戻るまでついて来る。その時はやはり家に入る前に「ありがとうござった」と礼をいうものだそうである。

この地にも野宿する時、地を借りる風があった。今生きておれば百近いであろうと思う老人からきいた話だが、その老人の若い時、夕ベラという所の水番役があたって、夜水番に行っていると、沖の方で鉦や太鼓の音がする。寝ようとしても寝つかれない。起きて坐ってみれば何の事もない。これはきっと神様の心にさわることがあるのであろうと思って、山の神に土地を借りた。土地を借るというのは地へ輪をかいて「これだけの土地を借ります、朝戻しますから」と言えばよい。そこで鎌の先で輪をかいてその中にねた。すると何のこともなかった。あくる日それを消して「ありがとうござった」と礼をいっておいた。

　これは私には興が深かった。野にも山にもそこをうしはく〔領く〕神がいたのである。神のいまさぬ土地というのはこの日本にはなかった。だから日本には無主の地というものは考へられなかったのである。その地の利用にあたって神を無視すれば神は怒ったが、祈請すればむしろ助けてくれたのである。万葉集にも、

「……海原の　辺にも沖にも、神留《カムヅマ》り、領《ウシハ》きいます、諸《モロモロ》の　大御神等《タチ》、船舳《フナノヘ》に導き申し……」

（巻五　八九四）

などという歌があり、かかる神に祈請するために幣を奉っている。道祖神に祈ったのも、やはりこの旅の間、神の加護を信じたからである。萬葉の人たちが、しきりに野宿しているのも実に神の加護を祈請してのことであったと思われるが、宿なき以前、我々をして野に宿らしめたのは実に神を信じ、神によって魔が祓われるものであると考えたからであろう。

　単に野に宿るのでなく、辻堂に宿る話は昔話にも多く、ある男が行商の途次地蔵堂で宿を借りてねていると夜半外に声があって、「今夜は某の家に出産があって私は行くがあなたは参らぬか」という。すると地蔵様が「今夜は客人があるから行かれない。よろしくたのむ」という。それからしばらくすると、またさきの声があって、こういう子が出来たと報告して行く。どうも様子が自分の家のようであると思って商

人が家へかえってみると果してそうであった、という運命的予言の昔話などもその一つである。この話は東北では炭焼長者譚として発展するが、土地によってはその子が河童に生命をとられる話になっている。このモチーフは運命予言にあるのだが、地蔵様は宿借人があって出て行けないという点も私には面白いのである。我々の故郷では馬鹿聟話の主人公を岩国の奥の山代にとって「山代の馬鹿が」といって語るのであるが、その山代人は旅をするのに宿にはとまらないで、ずっと神社や辻堂の縁の下にねたものだときいたが、これは単なる噂話ばかりでもないらしい。その山代からもう少し奥へ入った広島県八幡村の山中で、そのあたりの人が昔広島や大阪の方へ行くのに宿をとることは殆どなかった。皆野宿して行ったものであると聞かされた。そういう書付も一寸見せてもらった。土地の人がそういうのであるから満更うそでもなかろうかと思う。野宿の際どうしただろうかということはきかなかったが、村へ戻ればれっきとした百姓も、夜は野宿、昼は乞食をしつつ、京へでも大阪へでも行ったというのである。その時必ず産土神の砂だけは肌身はなさずつけて行ったという。

そうすれば、それが身を守ってくれたのである。この類の話になると各地にあって珍しくもないかと思う。別にカードにもとっていないので類例の引用も出来ないが、とに角こういう信仰があったことによって、辛い旅も出来たのであった。そうして神の勢威によって魔を祓ったのであろうが、そういう観念とはまたやや別に、ある呪力によって魔をはらうことも行われた。

大和吉野の山中では、野宿の際はヨキ（斧）の刃を上に向けてそのそばにねた。ヨキの一方には筋が三本、一方には四本切ってあるものだが、山の神は一つ目でそれを見て、三つだったか四つだったかと見比べているうちに夜があけて災いをする間がないということをきいた。災厄をあたえようとするのは山の神であるとするが、これはむしろ魔性を思わせるものがある。そしてこの方は呪術的な匂がつよい。死者のある時、魔につかれぬために枕頭に刃物をおく習俗と余程近くなる。しかしそういうことも野宿の習俗の一つとして存したことは考えられよう。

材料も考えも未熟だけれど、こういう方面に大方の御教示を仰ぐことが出来れば幸である。

二

野宿するとき、どういう姿勢でねたであろうかということも私には興味がある。それについて思い出されるのは宮武省三氏の『習俗雑記』〔宮武省三　坂本書店　昭和二年〕で、その中の彦山峰入りと猿子眠の章に「修業中は一寸居眠しても新客眠むるまいぞと先達から叱られ、たとへ睡眠をゆるさる、としてもカザルと言って一切平臥は許されず背を笈にもたせかけたままで眠り……俗に膝をか、へて眠ることを猿子眠という……」とあり、また「相撲にても明日の本場で取組まむとする関取は前夜猿子眠姿で眠るもあるさうで、是は平臥してねむると力がぬけるからぢやと此道では言ふとのことである。」ともある。

とにかく寝る姿勢が今のように手足を長々とのばすだけのものでなかったらしいことは、この記事からも察せられるが、大和大峰でも同様な姿勢で眠ったようである。このことは大和天川の社家からきいた。恐らく湯殿山なども同じことであっただろう。ここには結跏入定ということがあって結跏したまま死ぬことが死の理想であった。今も大日坊という山伏寺にそのミイラになったものが一つある。多分こういう姿勢が眠りの時にもとられたのではなかろうかと思うのである。

古い絵巻物を見ても家でねている以外の社寺参籠の寝姿は足腰をのばしたものが殆どない。多くは坐ってうつむいたまま眠っている。家居にあらずして眠る姿勢のうち神仏に仕え奉る時の眠りの姿は或はこういうものであったのではないかと思う。

しからばこういう姿勢を何故とったものであろうかということは、平臥すると力がぬけるという相撲取の習俗にも関係があろう。私が幼少のおり祖母から聞いたことであるが、魂というものは腋の下からぬけ出るものだという。また魔がさすというのも腋の下からだという。こういう俗信は他でもきいたことがあるが、その何処であったかをはっきり覚えていない。

この祖母は早起の人であったが、朝早く起きなければならない時は決して寝床に入らなかった。畳の上に坐ったまま腕をくみうつむいたまま寝るのである。風邪をひくだろうと心配しても、こんなにすれば風邪の神の入って来る所がないから風邪をひく心配はないとのことであった。こういう眠り方は祖母一人ではなくて、もとは女などでよく見かけたものである。そうしてこの眠り方をタブネといった。

懐手して物思う浮世絵の美女の姿もこの眠りの姿勢に何かつながる所はないかと思う。そうしてこれは実は一つには夢見る姿ではなかったかと思うのである。夢はもともと神のお告げであり魂の訪れる姿であった。夢を見、夢の告げを待とうとした気持は、つい近頃まで実に強かった。思わぬに見る夢もあるが、待ち設けて見る夢も多かった。峯入や参籠の眠りの姿勢の相似ているのは、単に寒さ凌ぎのためのみではないように思われる。

この眠り方は横臥して手枕となるものではなかっただろうか。同じように足腰曲げたままにねるのである。我が家の寝床にあっても、手足を思うままにのばして眠ることは少なかったのではあるまいか。これは布団の大きさがそれを示唆する。足をのばせば脛から下は出るというのがもとの布団の大きさであった。手足を縮めてまるくなって寝たのである。ネマルという言葉はそんなことにも関係がありはしないだろうか。私の生れ在所は、もとは殊のほか貧しい所であって、皆この小さな布団にまるくなってねたものであるが、さて旅をして諸所を歩いてみると、それが辺僻である程、布団は小さいのである。寒夜を足ものばしきらないで寝た思い出は多い。大体南日本の方に小さい布団の多いのは肯定出来るけれど、北でも決して稀ではなかった。そうして実はこれも空想であるが、日本の過去の老人に腰の曲った人の多かったのも、長い間の寝姿が、そのまま身についてしまったのが一つの原因ではないかと思う。重い荷を負ひ、腰の曲るような仕事をしたことも大きな原因には違いないが、今日ではこの海老の如く腰の曲った人を余程みかけなくなった。

足腰のばしてねなければ背がのびないといわれるようになったのは余程後のことであろうが、これがそうなって来たについては、やはり旅行の容易になったことが大きいのではないかと思う。

一般の旅人がどんなにして野宿したかは実は殆どしらべたことも気をつけてみたこともない。サンカの仲間たちは近頃では当世流にテントを張ってねているが、もとはそうであっただろうか。またあのテントの中でどんなにしてねるのであろうか。万葉集には沢山の旅の宿りの歌があり、イホリするという言葉があるが、寝姿のことは出て来ない。

実はこんなことに気のついたのは近頃である。老人までシャンと腰をのばした者の多くなった理由をこんな所に見出そうとした一つの仮定にすぎないのである。

身自らを以て、或は神の加護によって身を守らなければならなかった家居以外においての一つの眠りの姿勢が、まず旅宿の完成により家居同様の寝床の提供によって改められ、ひいてはそれが寝姿を、容姿を大きく、かえて来たかと思う。

この仮定は人々によって破られてもいい。問題として提供してみたい。

〔「民族文化」三巻一〇号・四巻一号　昭和十七年十月・十八年五月〕

五　隠岐島信仰見聞

この八月〔昭和九年〕隠岐へ渡って、渋澤子一行の猛烈なる民俗採集振りの噂を、そこここで聞いて驚嘆し、帰って「ドルメン」所載高橋氏の一文に、叉感嘆した。

島後《ドウゴ》では西郷の高梨旅館が一等いいのだそうだが、そこへは泊られず、山間の中條村原田に泊られた、物好きでアシナカを買っていかれた、台所を覗いておばさんに叱られた、等の話は各地で聞かされた。

隠岐への見学団は年々増えて今年は西郷の宿が大当りだそうだが、渋澤子みたいな人は初めてだそうである。こういう話を聞かされるのも、旅先ではうれしい事であった。

〔註　渋澤敬三を中心とするアチックミューゼアムの隠岐島調査は昭和九年五月二十三日〜二十七日に行われた。〕

＊　＊

私は海士《アマ》島の知々井へ上陸して海士の方へ越え、菱へ出た。後鳥羽上皇御遺址へ行こうと思って歩いていると、袴をつけた人が四国遍路風の男と一緒に田圃道をやって来るのに逢った。聞けば、この遍路は大阪の人で、袴の人の妻子が四国八十八ヶ所を廻った時、旅先で一緒だったとか。その折、この島にも八十八ヶ所のある事を聞き、遙々たずねて来て、一夜の宿を求め、案内を乞うたのだそうである。海士村には新四国が五つあるという。弘法大師信仰は盛んらしい。中里から菱への間でも、道ばたに大師の石像の、所々おかれてあるのを見た、雨ざらしである。

西島黒木村大津の田圃道で逢った老人は、昨年小豆島の八十八ヶ所を廻ったと話していた。

＊　＊

サイノカミについては、高橋氏の記事もあるが、中條から中村への古道越では、サイノカミは祠を持たなかった。古道越と上ヶ床越の別れ道に、たくさん杖が捨ててあるから、サイノカミだなと思いつつ一本借りて突いていった。峠の上のトンネルをぬけると、そこにも夥しく杖が捨ててある。杖を捨てるのは、サイノカミは大変欲な神で、通りかかった人の持っているもの全部を欲しがるのだそうである。もし捧げないと、峠の向こう側が歩けない。それでは困るから、持っている杖で我慢して下さいという意味で、捧げるのだそうである。

サイノカミに名をもらう方法は、まず酒二、三合にだんごもちなどを作って供え、いい名が授かるように祈る。そうして、最初に通りかかった男の人に事情を話して、つけてもらうのである。その名には必ずサイがつかねばいけぬという。たとえば、才次郎、才助というように。このほか、サイノカミには椀に孔のあけたのがあげてある。これは耳がよく聞えますようにとの意だそうである。

以上は中村の横地さんの話である。「この話は五ヶから中村へ越えて来る時、道連れになった九州大学の人にも話しました」といっておられたから、多分早川氏の事であろう。島前《ドウゼン》では、別府から大津へ出る低い峠でも見た。焼火山《タクヒヤマ》へ上る坂道にもあって、ここには小さな木の祠があり、その前に夥しい杖が捨ててあった。

＊　＊

焼火神社への道の両側には、三十三ヶ所になぞらえた観音の小さな石像が、所々にあった。焼火神社はいわゆる焼火権現で、この附近航行の船人の信仰をあつめており、海の守護神である。ここの今の神官をしておられる松浦静麿氏の祖父、斌氏が明治十七年第一隠岐丸を購入して、汽船による初めての定期航路をひらかれたのも面白い。なんでも、汽船のスクリューで海をかきまわされては魚がとれなくなるとの全島の反対を、押しきっての事だったという。

今では隠岐汽船は、この神社の下で、必ず汽笛をあげる事になっている。

神社の境内に龍燈杉がある。

＊　＊

島後の都万目《ツバメ》に、顎無地蔵がある。これへは遂に行けなかった。歯痛に霊験があるという。ここへ行ってみたかった理由は、私の母が歯痛で苦しみ、そのために今でも北に向って線香をたて、この地蔵を祈っているからである。

中国地方の南側、瀬戸内に住む人にも、この地蔵の名は、つい隣の事のように聞えているのである。

＊　＊

隠岐を騒がしたのは狐つきである。いわゆる人狐の迷信で、文政十一年（一八二八）その弊甚しく、人狐取締令が出ている。当時はその家に狐が憑いたと噂がたつと、嫁に行っている娘まで、取り戻したものだという。この迷信は内地から来たもので、最初黒木に起こり、ついで美田《ミタ》へ。今でも海士では信じられているという。

＊　＊

島前には田楽が遺っている。黒木村の美田八幡、浦郷の日吉神社に行われており、美田も日吉も同じものである。その報告は既に松浦氏が民俗芸術へ委しく報告されている。古田楽の面影をとどめているものとして、研究すべき多くの価値がある。

神楽もなお遺っており、島前神楽とよばれている。これら舞楽と全く同一系統に属するものに、島後国分寺の蓮華踊がある。

隠岐の神事舞は、その道の人によって、更に詳細に中央へ報告さるべきものではないかと思う。

中村の武良祭なども面白い祭事である。

玉若酢《タマワカス》神社（島後総社）には歩射神事もある。

＊　＊

村人が八幡様へ詣るに際しては、たいてい渚で小石を拾って、これを拝殿に投げあげて拝む。時に竹をきって、それに潮を入れて詣る。この風景は島前別府で見た。

この風習は、そのまま私の生れ故郷、周防大島にもある。

隠岐には延喜式内社が十六座あった。かかる僻遠の地としては異数である。かくて神社の縁起が古いだけに、たいていは神宮寺があって、ここの神仏混淆は完全に行われていた。それを明治維新の廃仏毀釈に逢うて、寺の方はメチャクチャに毀されたのである。従って、多くのよき佛像は滅ぼされた。だが、神社関係の神像の方はそのままに遺った。現に黒木村大山神社などには、神像八十体残存するという。その一、二を松浦氏から見せて頂いたのであるが、平安初期と思われる、手法の優れたものであった。同じようなものを、国分寺で二十四体見た。何れも一尺六寸から七寸までの小さいもので、手法は大山神社のものに比して遙かに稚拙であり、時代も足利頃まで下るようなものが多かった。その種別をあげると、

神立像　二体　　神坐像　二体　　佛立像　一体　　佛坐像　二体　　僧立像　四体
僧坐像　四体　　使丁像　二体　　女神像　六体　　不動？　一体

で、神佛混淆の末、何れを何れとも定め難いようなものばかりで、その容貌は、南洋土人の人形を想わせるものが多かった。国分寺住職の話では、神像はまだ島に多かろうとの事であった。

弘仁期（八一〇～八二四）に起こった、この種の彫刻が、どんなに展開してどんなに消えていったかについては、まだ本格的な研究がないように思う。隠岐の神像などは、一つ一つの芸術的価値から見れば、大したものではあるまいが、眼を向けて見ねばならぬ鍵が、そこに置き忘れてあるような気がする。

＊　＊

隠岐には一年神主の制度もわずかに残存している。黒木村波止《ハジ》では、これをくじ引できめるというが、今では神社の小使同然だとの事である。

＊　＊

焼火の龍燈杉で思い出したのだが、玉若酢神社に八百杉がある。若狭の八百比丘尼が植えたといわれている。八百比丘尼の持って歩くのは、椿ばかりではなかったのである。この杉で作った箸でたべると、歯痛が止まり、長命するそうである。

大きな杉は古道越のトンネルを中村の方へ下りた所でも見た。八百杉に劣らぬものであったが、これには別に信仰もないらしかった。原田から古道を少し行った所に、高さ百二十尺はあろうと思われる杉が、一間ほどおいて並んで立っており、大きな縄が張り渡して神燈があげてあった。訊き合わすべき人がいなかったのが、残念だった。

大久の南に金橋山がある。ここの神様は沖の方を向いて立っていたが、荒紳で気にくわぬ事があると、沖の船を止めては船人を困らせる。そこで、この神様を、山の向こう側へ、むこう向きにに置いたそうな。すると、月明の晩など、神楽をやって騒ぐのだそうである。「今でも時々笛の音が聞こえるそうです。」と、中村から西郷へ通う発動船の船長が話していた。

＊　＊

後鳥羽上皇御遺址に、蛙のなかない葛田池と松風の音のしない音無松というのがある。上皇がその音の喧しさに

蛙なく葛田が池の夕たたみ
きかまじものは松風の音

と詠ぜられると、それきり鳴かず、鳴らずになったというのである。

隠岐で拾った信仰闗係のものは、たったこれだけである。この地を訪れる人には何かの足しになるかと も思って書く。

〔「ドルメン」三巻一〇号　昭和九年十月〕

六　山陽沿線の農家

御薗生先生から本誌〔「防長史学」〕へ何か書いてみないかとのお言葉であるが、実は私は生れ故郷については殆ど詳しい事を知らないのである。山口の町さえ、やっと去年、それも日数にして十日ばかり前、暮の大晦日の日に、初めて歩いてみたという情けなさである。山口県へ生れて藩祖のお宮へも詣った事がないというようでは、と思って九州からのかえりを、ホンの僅かな時間を利用して、山峡の町を訪れたのであった。そういう身で皆さんの間へ顔を出して偉そうにいうのは考えものだが、私ごとき素人の、しかもチラッと見の、言葉の中にも、いくぶん啓発に値するものがあるかも分からないと思って筆をとったのである。そうしてこの一文は昭和八年十二月三十一日の朝下関へ上陸してから同午後五時大畠《オオバタケ》へつくまでの見聞に対する所感である。なお私は柳田國男先生の学説を最も忠実に守ろうとしているもので、この一文も殆ど先生のお説が中心になっていることを御記憶願いたい。

我々人間の歴史を最も簡単な言葉で回顧すれば「試みかつ悟る」ことであった。下関から汽車で大畠へ来るまでの間、車窓からジッと農家の有様を見つづけて痛切に心をうった言葉はこれであった。

農家の建て方一つにも、そうしたあとが、ありありとうかがわれるのである。

それは何処でも共通であるが、まず目につき、我々を微笑させるのは家の位置である。山口県では街道にそわない野の家というものはそう多くないようである。たいていは山の据のゆるやかなだれに散在し、殆ど南に面して入口を開けている。家の前には広場があり、広場の南縁は低い石垣になっているものが多い。家の横や背戸は杉その他の常緑樹の籬が刈り込まれてつつましく、主家の東側には納屋が建てられていた。しかもこの様式のものが山陽沿線では最も多く、これが古くからあったこのあたりの一般の型ではないかと思われる。それが九州の北部、筑豊炭田の地方では、主家と納屋がくっついて鍵屋になっているものがあり、更に宗像の海岸あたりを歩いていたら、納屋が主家の西側にあるものを多く見かけた。海岸における納屋の位置は、考えて見れば、あの渺茫《ビョウボウ》はてしなき玄海の上を吹いて来る風を避けるための、一つの方法なのであろう。従って入口は宗像海岸では、主家の向かって左寄にあるものが多かった。しかし、本土へ渡って、後に山を背負い、暖かな陽光を真正面にした村々では、入口は多く右寄にある。この様式は、平入の家では普通の型である。

こうした農家の半数は藁屋根で、周防東部では、棟を瓦にした、いわゆる箱棟が多く、西部では、高塀〔高塀造〕が多かった。同じ高塀にしても、棟の葺き方が各地で多少異っており、厚狭《アサ》から西では、極く平凡で趣向をこらすというようなものもなく、竹を割ったのを菰のように編んだので押《オシ》をしていた。こういう葺き方は如何にも屋根を貧弱に見せて、我々の故里を貧しいものに思わせた。

でもそうした中へ、千木などを打ち違えて、少しでも屋根を変化あるように見せようとしたものも、時々あって、それは車窓からもよく目につき、単調な屋根風景に、ほほ笑ましい後日の暗示をあたえていた。そうしてこの様式の九州地方に多かったのもその変遷が考えられて面白い。それが東部になるにつれて、竹が杉皮にかわり、棟はキリリと締った趣を見せていた。そうして破風などのついたのも見受ける事が出来た。

藁葺の四注造ほどさびしいものはない。せめて屋根なりと飾ってやって欲しいものではある。住みなれて見れば貧しい屋根にも愛着が生じもしようが、それはまことに能のない諦めだともいえる。

こうした単調な屋根も東へ行くにつれて複雑になり、大和地方で見受けるいわゆる大和棟という葺き方や、北陸路で見かける破風のついたいかめしい棟――その棟が破風の上へ突き出て破風の庇になっている――にはまた一つの愛着を覚えさせる。北陸路の屋根に破風のあるのも、実は屋根を変化させて楽しもうなどというような、ゆとりのある心で、工夫したものでは、決してなかったのである。雪深い国では、十二月の半から春四月までは、家に閉じこもったままの、暗い日を炉端で送らねばならない。そうした炉の煙のはけ口をこの破風に求めたのである。いくら雪がつんでも、破風まで埋められるようなことがあってはならぬ。その心づかいの結果が、物々しい棟にしたのである。そうしてまた、破風のある事が、新しい産業――養蚕業が流れこんだ日にも、室内の換気孔になるのだといって、あの海岸に住む人は喜んでいた。

山陽では雪の憂いは少なかった。だが高塀は棟がいたみ易かった。藁屋根のまず腐り初めるのは棟と軒からであった。

屋根は普通の麦藁では十年、小麦藁では二十年も保てばいい方であった。そのために村々では、毎年六月の土用には屋根替えをしなければならず、村の重要な年中行事にもなった。嘉永年間（一八四八〜一八五四）の大島郡沖浦村年中行事などにも、屋根替の事が見えている。

そうした腐朽を防ごうとして試みたのが箱棟であり、瓦軒である。こういう屋根はたしかに変化あるものであった。だが、まだ屋根全体を瓦に替えるまでの試みをするものは少なかった。「兎に角これで住みよくなった」と人々はこの新しい屋根を仰いでホッとしたものである。そうしてまた軒を瓦にしたことは家を明るくした。藁屋根であれば、水はけをよくするために屋根を急傾斜にしなければならぬ。従って軒も低くなりがちだった。だが瓦は、これをゆるやかに葺くべき性質のもので、必然、土から軒までの距離は遠のいた。それがどれ程家の中を明るくした事か。さんさんとした日が座敷にまで射し込むようになった。そうしてお互いはあまりに家の中のくすんでいるのに驚いたのである。明るい光は家財道具の改革を促したばかりか、我々に清潔という大切な衛生法と、無学を蔑しむ心とを与えてくれた。

十年前、私が山陽線で大阪へ出かけた頃には、未だ沿線の農家に子供達の習字の紙が障子へベタベタと貼ってあるのを、ずいぶん見かけたものである。中には真黒になったのさえ貼ってあった。

それが十年後の今日では殆ど見かける事が出来なくなってしまった。いや、それればかりではない、紙障子の下部を硝子にかえた今様の障子が急に多くなって、何時か家の中にも曙がやって来たのである。思えば我々の祖先は長い間不便を忍び続けて来たのであった。これには為政者の政策もあって、農家は市中商人と婚姻を結ぶな、嫁とりには乗物無用、町人の真似をするな、遊芸はするな、大きな家は造るな、というたのであるから、所詮工夫してみよう。少しでも住みよくしてみようなどというような事は出来なかった。耕作に精を入れ、草を刈れ、早起きをしろ、昼はよく働け、夜は夜業をしろ、大豆や芋の葉まで捨てずに食え、五穀の値は知るな、といわれてみれば、一体百姓とは何ぞや、と手を洪いて、人間であるか否かを疑うてみたくもなったのである。

かくて忍べるだけは忍んでもみ、働けるだけは働いてもみた。そして、それが習慣になって来れば、そこにも住みつく世界はあった。さて世が改まり、籠から放たれて、大空の下へ出た時、我々はもう飛ぶ事をさえ殆ど忘れていた。呆然として空とぶ他の鳥の姿を見つつ、自ら羽ばたきをしてみようともしなかった。そうではない、仲間の者の一人でも飛んでみようとすると、それは危険な事の様に相戒め合うたのである。

下関から大畠までの、ホンの僅かの間の農家を見ても、その跡がありありと見られるのである。明治大正昭和と世はグングンのびた。村の人たちはその間、出来るだけ不便をしのんでみようと努めた。どうにかしてその世界を捨てまいとした。

親鳥は長い間に慣らされた忍従生活で、その努力も続けられたが、親の言葉に従えなかったのは可憐な子達である。他の鳥の如く大空を自由にとんでみたい憧れが、とうとう大地から一歩をはなさせてしまった。農村の成長もそこから起った。農家の改造もそこから首途した。

村の家の革命はまず街道筋の村はずれから起り、一家では納屋から、一軒の家の中では二三男坊から起こされた。

つまり権勢の、ともすれば及び難い世界から峰火は上ったのである。こういう世界は、もっとも町に近い世界であり町の空気を受け容れ易い世界であった。

村へ流れ込んで来た他所者の落着くのは大抵村はずれであった。私の生れ故郷でも幼い日からの記憶を辿ってみると、ランプ屋、彫刻師、漆器屋、材木屋、写真屋、石屋などという、新商売の連中は、皆この村はずれにその店を構えている。大きくはないが、キッチリした家を建てて、通りがかりに見ても如何にも住心地よさそうであった。単に私の村だけではない。車窓から見る風景もまたそうであった。飲食店などの出来たのも村はずれで、親の目をぬすんだ子が遠慮しながら、どこの馬の骨とも判らぬ白首に、うつつをぬかし初め、田舎相応な情痴の絵巻のひろげられ初めたのも、この飲食店においてであった。明治から大正の初めにかけて流行した壮士芝居だとか新派劇だとか銘をうった、田舎廻り芝居は、こうした世界を取扱ったものが特に多かったように記憶する。

村に年長く住みなれた人達はそれを苦々しい事に思いつつ、それらのもたらす空気に、少しずつひたって行ったのである。

度々の屋根替えのうるささから、まず納屋の屋根を瓦にしてみた。

家に少々の財産でもあって、子供を町へ勉強にやらすと子は一様に自分の家のみすぼらしさと、住みにくさを親に訴えた。それでも親は俄に家を改造しようとはせず、もと納屋子〔ノンコ・下男〕のいた、納屋の一部屋に多少の手を入れて、これを子供の勉強部屋にして、しばらくは我慢してもらう事にした。こうして、納屋の一隅の日のよくあたる所に床がつけられ畳が敷かれるようになった。

虹ケ浜から柳井に到る間においては、こうして納屋でなくなりかけたのを多く見る事が出来た。そして親たちも、旅からの客などは、皆この新設の座敷へ迎えるようになった。従って主家は古い藁葺きで、納屋兼はなれは瓦葺きで、中には二階建てさえ見られる形式のものが増えた。

家の中が明るくなれば、調度も明るく清潔なものが喜ばれ、そうなって来るとお互の身体の汚さ加減も問題になって来た。何処の家でもそれに気がついて来ると、風呂場を作るようになった。宇部附近一帯では、多くはこの風呂場を家の前に見かけた。何れも瓦葺のこじんまりしたものであるが、一見して建てられてそう古くないもののようであった。小郡から山口一帯は、その風呂場がどうやら家の裏にあるのが多いようである。

さて、家の改造はこれだけでは済まされなかった。次に来るものは明るい台所の問題である。黒かった釜にみがきがかけられ、ピカピカ光るのが尊ばれるようになって、改革の波はもう竈部屋へまでやって来た。

そうなって来ると、年寄りはつくづくとすでに自分達の時代の去ったのを感じた。子に後を譲って、もう何もいうまい、きくまいと隠居した部屋が、これはまた、子の建ててくれた明るく小じんまりした瓦屋根―主家へ附け足したものが多いが―であった。

親が隠居すれば、もう子の世界である。その頃には、旅にいた二三男もかえって来て、故里へ住心地のいい家を建てる。長男もこれに見なろうて別に離れを建てる、といった調子で、村は見違える程変わって来た。

でもまだ主家だけは依然藁葺のままで、屋敷の真中に多くの小さな建物を抑えて、統領している。こうして、主家をめぐって離れ、倉、納屋、竈部屋、風呂場、隠居などと、幾棟もの屋根が複雑な機構をみせているのを、阿知須《アジス》、宇部一帯で多く散見した。

だが、こうした家々の多いのは街道近く、鉄道近くで、一歩本通りから入ると、そこには昔のままを守ろうとする気魄の、まだ脈々として強いのを感じる。

同じ十二月三十一日の正午近く、幼い日よく母からきかされていた瑠璃光寺へ詣った時、それが藁葺であった事に驚いたのである。山口から三田尻へ、省営バスで出るおり車窓からチラッと見た鳴瀧の泰雲寺もたしかに藁葺であった。母は若かった頃を山口で過ごし、よく宮市の天満宮へ詣でたものであるという。

そしてその重い足を引きずるようにして、かえったであろう道を、私はバスで疾走したのである。私は母の若き日を追憶して止まなかった。車窓を過ぎる一つ一つに目をとめ心をとめた。

この一帯はいまだ草深い農家が多く、瓦屋根をあまり見かけないのも、私の心を和やかにし、追憶を甘いものにした。そうして、母がしたであろうと同様に弁当を背負うて、この道が歩いてみたくなった。でも、寝物語にきいた脇坂のトンネルを抜けると、風光は一変した。目の前に展開する山陽の野は、灰色の瓦の波であり、工場の煙突の物々しい近代文化の色であった。

山一つがこうまで色をそめかえるものかと、思わず驚嘆を発せずにはいられなかった。道のよい悪いが、文化を受け容れる量をほぼ決定するともみられる。そうして本街道から離れた地には、いまだ昔気質の健気さが、そのまま残されているのである。

次に農家の移転であるが、これは徳川の初頃からもう盛に起こされたようである。世が平和になると勢い人口は増加した。そうして二三男坊の生活を、親なり兄なりは案じなければならなくなった。防長における海岸干拓の事業も一つにはそうした要求から生れていると思われる。開作という名のつく村は、かくして新しく生れた村である。それればかりでなく、山麓の家は野の中まで押し出して、所々に新村を作った。新屋敷、新在家、今在家、出屋敷、新田などと名のつく村は多くは二三男坊の開いた村である。

ところが明治になって鉄道が通ずると、移転の内容が自ら改って来た。昔の移転は、新しい処女地の開墾のためであった。だが、この時代には、そうした意味のものはなくなった。まず駅前への進出、街道筋への進出、そうして、農業兼商業を志したのである。

こうなると、便利ということの内容も違って来た。山の手であれば、水はよし、田へも畑へも近し、裏は薪山の茂りがあり、生活のし易い所で、便利な所だったのである。野の村では、まず薪の不足から水の悪いこと、そうした苦痛を多分に舐めなければならなかった。だが今ではそれが転倒してしまった。

かくて家の移転は目立って来、やがては鉄路の果てにある大都会へまで、夥しい人を流し出すようになった。屋根の改革はかくして、駅を中心にして広がって来た。田舎における二階の発生も大体鉄道発達後と見ていい。かくて文化景は急に改って来たのである。そして山の手のさびれは目について見えて来た。私の住む大島郡でも郷といわれた山手部落は、今殆ど衰亡に近くなっている。家室西方村外入《トノニュウ》などでは天保当時六十余戸の郷が、今二十戸に満たず、同じく西方郷においては六十余戸から三十余戸に減じ、更に減小して行きつつある有様である。

それ程の移動の激しさが、一方では屋根をすっかり瓦にかえてしまった。家室西方村長崎では今一戸の藁屋根をさえ見る事は出来ない。そればかりではない、遠く出稼ぐ人たちの老後のたのしみは、立派な家に住む、というようにまで変わって大島郡屋代村一帯では、実に堂々たる邸宅の散在を見るのである。

これ等の土地では家の大小が、成功の如何を反映するものと考えて、よく数万の金を投じて贅を尽くすものが珍しくないのである。

だがそのために財を散じ、老いて再び稼ぎに行かねばならなくなったという悲劇もある。ここに到って、かって色々の法度によって拒否されていた町との交流の障害は完全に消えたといっていい。

しかし、それが幸福なる世界の実現であったかについては多分の疑点と問題が提供される。

町家風の家が果たして田舎に向くか否かの問題がまず起こる。近頃大都会を中心にして、文化住宅なるものが発生し、その設計についても新聞、雑誌、住宅会社などがこれの懸賞募集をなし、かつこれを試み、今までの住み難かった長屋風の町家から、人々を救い出そうと苦心しているが、今建てられつつある家を、もっとも住みよいものと考えては、いまだ早すぎる色々の欠陥がひそんでいる。

農家が主家と納屋とを別々に持ったように、町の人々が、住みつく家と、仕事場とを引はなして、町を単なる働き場にしようとする試みは、たしかに賢明であると共に、ついには否定しきれなかった、反逆しきれなかった、歴史的伝統の真価をここに見る。日本における町は、もとこの田舎人の集うて成立した仮屋式な聚落だったのである。従って町家が住みつくべく、すぐれたる形式のものでなかった事は当然である。

だが一方農家はどうであろうか。宇部、阿知須一帯に見る複雑化せられた構えが、果たして我々に適したものか?……。屋代村一帯のすばらしい住宅が、農家の将来とるべき道か?……。

所詮これは過渡期の産物である。私たちはここに静かに過去を思い、次の世へすぐれたる農家を残してやらねばならぬ。そのためには、今一度我々の家を見直し、周囲を見ねばならない。かくて真面目な農家設計の問題が、必然ここに登場しなくてはならない。文化住宅式のものが、そのとるべき範ではあるまい。彼もまた住みつくべき家として、しみじみとしてなつかしい落着あるものとはいい難い。（これには色々の未解決の問題がある）我々の家は今大きな問題になやんでいる。しかも何れも実用的な価値に欠けている所から起こりつつある問題ではあるまいか。

人造肥料の製造が、堆肥小屋を持たない農家を発生せしめ、色々の機械製造品が、納屋—仕事場—を不用にした。納屋子は追われ、農家は著しく暇になった。

そして、それは農家を小綺麗なものにはしたが、農家経済は苦しくなり、次第に没落を感じなければならなくなった。これは賢明なる農村人の辿るべき道ではない。よき仕事場からよき仕事は生れる。

改造はそこから起る。お互は、ひとまず町の真似をやめて漸く持てあましはじめた我々の世界の改造を、必要に感じて考えてみることだ。

大島郡日良居《ヒライ》村浮島《ウカシマ》の樽見部落では、屋根を平たいセメント張にして西洋建築風にしたのが多い。これは狭い土地で物乾し場のない不便を補うべく考え出された一方法である。

我々の先人はいい事をいってくれている。

必要は発明の母だ。と。

そしてまた、

心を起そうと思わずまず身を起せ。と。

そしてまた、

試る事は悟る事だ。と。

一日の旅は私にこんな事を思わしめたのである。

——尚スケッチをも入れたかったのであるが、都合でそれの出来ないのを遺憾に思う。(九・一・十八夜)

〔「防長史学」五巻二号　昭和九年十一月〕

七　加越海岸遊記

一　はじめに

加越の海岸を歩いてからもう一年ばかりになる。たった二日の旅だったけれど、私には忘れられない日であった。実はあの旅先で、先人芭蕉の心を味わうてみようと思ってのことだったが。

二　稲村

和泉の野では、やっと稲が色づき初めたばかりなのに車窓から見る加賀の野は、もうすっかり刈りとられて、刈株から出た芽が青々と風になびいていた。そうして田の中には稲村が列をなして積まれてあった。あの稲村のことを、このあたりでは何といっているか。和泉では、老いたる人たちの間ではスズキといっている。恐らく鈴木の姓の原の様な気がするのであるが。――我々の故里、周防ではこれをグロとよんでいる。備前備中では塚の事をクロとよんでいるそうであり、圦という字があてられていると聞く。（『地名の話 その他』柳田國男　岡書院　昭和八年）

なおまたグロについては『蝸牛考』（柳田國男　刀江書院　昭和五年）にもドグロ、アグラなどの言葉が委《クワ》しく考察されて、この言葉のよってくる所が暗示されている。土地によってはニオともいい藤村の『破戒』をよむと、佐久の高原の秋に、ワラニヨの蔭で、孤独な思いに耽る少年の事が描かれている。摂津熊野田ではボトというそうだが、我々の故郷では、亥の子の夜に作る藁鉄砲をワラボテともいっている。ボトに関係のある言葉ではなかろうか。その音がただボテボテとするというだけの理由に帰してよさそうだが、ただそれだけではなかったことは、稲村の上にかける藁で作った簡単な被《カブセ》をボータンといった事によって窺われる気がする。阿波では稲村をボードというとか。ボトにしてもボートにしても、もとは我々の故里の如く、稲村にかけた被の名ではなかったか。折口博士の『古代研究』〔大岡山書店　昭和四年〕のお説ももっともながら、まだ考慮すべき余地はいくらもある様に思えた。

三　隣を劃する線

手取川を渡ると、川の右岸はまだ黄金の波がうっていた。川一つを境に一方が取入れ前であることも、すぐ色々な連想を私の心のうちによび起こした。これに似た驚きを覚えた事が、嘗て和泉の南の方に住んでいた頃、あのあたりの名産である葱頭《タマネギ》〔玉葱〕を調べた日にもあった。山間にある木積《コヅミ》から流れ出た近木《コギ》川が、貝塚町の西南で海に入っているのを境に、西南は一面の葱頭の青田であり、東北は麦の黄波であった。そうして殆ど錯綜地帯というものがなかった。この葱頭の泉南で最初に試みられた田尻村あたりでは、子供が麦というものを全然知らず、春蒔いて秋取入れる稲同様のものに心得ていた。十才前後の子供約百人について、麦のうれたものを見た事のある者をしらべたら、僅か十幾名にすぎなかった。百姓の子でありつつ、それほど麦とは縁が遠くなっているのである。しかして田尻村中心の千二百町歩は、一つの例外をも含まず、完全に一色の葱頭田であった。最近葱頭田は近木川を越えて東北の側に移って来、漸くかなりの麦葱頭錯綜地帯を見るようになったが、川一本の障碍が、こうも大きいものであるかとは、当時シミジミ思った事であった。加賀の国中を流るる手取川もまた、そういう一つの障壁をなしているように思えた。或いはこの事実はこの年のみの現象であったかも知れないが、それがそうなったにも、やはり川一本の影響は考えられる。

一つの習俗なり行事なりが、他へ移って行くにも、こういう現象はある様である。京都の西北、今は市中に編入されている右京区平岡でも、同じようなことを感じた事がある。双ケ岡《ナラビガオカ》付近は映画のスタジオがたくさんあって、世にもキラビヤカなる人々が、穂薄のみだれの中を歩いているのを見かける最も新しさのある地でありつつ、それから小一里奥の平岡は完全な田舎である。小さな子供たちまでがカレラン（カルサン）に草履ばきで、家の前の揚げ、道ばたなどで、手まりをついたり、ジャンケンをしたりしている。道行く人はその奥にある高雄を志す者が大部分で、きわめて華やかな仕度をし、時折は遊覧自動車が砂塵をまいて行く。しかし子供たちはそういうものに目を向けようともせず、無心に遊んでいるのである。ミレーの描ける木を伐る人の様な姿の女が、粗朶をきっているのも見かける。その前で手伝っている小娘も、いかにも素朴で、土の臭いがそのままの様にさえ感じられる。そうして、この人たちは大都会のいぶきを感ずる力がないのであろうかとさえ、思ってみたくなる程である。

柳田先生の『海南小記』（柳田國男　大岡山書店　大正十四年）にも、七島南端の宝島と大島の笠利岬との四十余海里を境に、土俗の相違のある事があげてあり、七島には入墨がない、あればそれは南から嫁に来た女である。海峡を越えて、嫁に来るだけの親しみはあっても、入墨の習は七島には入らなかった。と述べていられる。

それでいて遠隔の地からの漂流物は、これを容易にとりあげて見る気があったのではあるまいか。一つには中央の権力沙汰もあったであろうが、そうとのみ言えない魅力を中心に対して感じた事も、僻遠の地に住む者には事実であった。

国の端々が相似たる風俗を多く残している理由も、こういう気持の参与を考えてみる必要はなかろうか。一年に一度は必ずかえる事にきめている故里の、小さな島にさえ、年々都の新しさの流入は窺われる。例えば一年から五年までの女児が例外なしにオカッパであるのも、先生からの強制とは言え、かえって大都市の周囲部では見がたい様な現象であった。

古い稲扱から輪転式の稲扱機にかわったのは大正十一、二年の頃であったが、この流行も我々の島の方が、大阪の周囲部よりはたしかに一、二年早かった。故里がすっかり輪転式にかわった頃にも、大阪市東成区あたりの田圃では、まだチョイチョイ古い式のものを見かけた。

こういう現象はあるいは近頃のみの事かも判らない。だがとに角、隣村とよりは、中央とのつながりの方が大きかった日も、想像されるのである。そうして些細な障碍が隣を甚だ遠いものにしたことも一応は考慮に入れて見るべきではなかろうか。暴れ川であった手取川は鶴来で山峡を出て、美川《ミカワ》で海に入るまでに、土堤下の村というものを持たない。土堤下が如何に物騒であったかは、この事実だけでも推される。しかして北陸街道の上流、久常村付近では、暴流に対抗する石塁が、二重三重に築造されている。こういう石塁のなかった日、この川は如何ばかり人々を苦しめた事であろう。川向こうはかくて、遠い隣になってしまっていた筈だ。

四　北国日和

金沢へ下車した時、空はうそ寒く曇っており、町は暗かった。同じ日の昼前金沢をたって動橋《イヅリバシ》に向かった時、遂に雨になった。手取川の左岸の青田圃では、刈株の芽に秋雨がしみつく様に降っていた。雨の中を歩かねばならぬ憂さを思いつつ、動橋で下り、片山津行きの電車で、片山津についた時は、小雨になっていた。

片山津は柴山潟畔にある温泉場で、大廈が物々しかった。私はこの町をぬけて、それから海岸の村々を三国まで歩いた。その間、日はうらうらと照りまことによい秋日和であった。海では鰯がとれるといって、どこの家にも男は留守で、ひっそりとした家々が松原の中にあった。

三国に出たのは夜の十時前で、暗い町を歩いていると、またあわただしい雨が来た。九頭竜川にのぞむ宿に靴のひもを解いてからも、雨はしばらく降っていた。翌日はまたカラリと晴れて気持ちよい朝であった。私はそれから安島《アントウ》の方へ歩いた。安島に昼前までいて、丘の道を歩いていると急に空が怪しくなった。そうしてまた忽ち雨だった。

明月や北国日和《ホクコクビヨリ》定《サダメ》なき〔『おくのほそ道』敦賀〕

私はこの句を芭蕉の俳句の中でも陳腐なものの一つに数えていた。ただしかし、それは私の浅はかさからであった。瀬戸内に育って、安穏な日の中に成長した人間にはこの慌ただしさは味わえぬ所である。北国日和といったそれは、決して一つの概念としてしまい込まれる性質の言葉でない事も歩いてシミジミ判った様な気がした。

こういう日が幾日もつづいて、ついには暗い雲が始終空を覆い、毎日白いものがちらつく様な日が来るのだという。その暗さの中に堪えつつ越えていく冬の長きを思うとき、何かしらある心構えを覚えるという。越前雄島《オシマ》の小学校では、もう大きな石の角火鉢が出してあった。まだ九月というに。

五　言葉の公私

金沢兼六公園の入口には無料の案内人が旗をたてて待っていた。ここを訪れる人は、一様なる話をきかされる事であろう。私はそんな事を思いながら一人公園の中を歩いた。

ここには金沢の地名の起原だといわれる金洗沢というのがある。このことについてはすでに柳田先生の「炭焼き小五郎が事」（『海南小記』大岡山書店　大正十四年）に委しい。静かな公園の中で声高に語っている案内人の声をきいて、何かしら私は伝承者の型という様なものを考えた。どこへ行っても、名高い神社仏閣には必ず案内人がいる。そうして実にすらすらと一つの説明をしてくれる。この案内人の言葉の記録が、口承文芸の形態研究に、一つの暗示を与えてくれぬものか。兎に角、口承文芸の中には、地方を漂泊するものと、定着するものとがあった様である。定着性のものが定着するに到るまでは、やはり漂泊していたものではあるまいか。歌比丘尼の絵とき説教がやがて土地土地に定着したものもあろう。盲法師の物語詩の定着もあっただろう。やがてはまた、その定着せるものを一つの口調にして、持ちつたえた村人もあろう。公園のベンチで聞いている案内人の説明の、甲がするも、乙がするも皆同様であり抑揚まで一致しているのはどうしたものであろうか。

また故里の話になるが、私の幼時には必ず寺や宮へ説教をききに連れて参られたものである。寺では念仏講や十夜などの日にあり、御忌《オンキ》にも説教があった。お宮では祈年祭、神幸祭、新嘗祭に説教師が来た。恭しく講本を持って台に上がり、見台にそれをひろげる。そうして始まるのである。その説は大抵は信心家の霊験を得たものばかりであったが、それが一つのリズムと口拍子とを持っていた。寺の話も宮の話も、その話し振りには差がなかった。それが、大正何年だったか千家尊福《センゲタカトミ》男が来て説教した時、この台の上に上がらないで立ったままだった。口調の違っているのも意外だった。聞く人すべて奇異を感じたのである。そうして「あれは説教ではない演説というものだ」と、物識りはいいあった。つまり説教と演説とは全然別のものであったのである。〔千家尊福は出雲国造家の末裔、出雲大社宮司で、男爵。教派神道大社教を創始し、各地をまわっていた。当時村人は生神様が来たといって、土下座して拝んだものである。〕

この説教の中に絵とき説教時代の面影は認められないものか。寺社の案内人の口調の中に古い面影は残っていないものか。そういう事も考えさせられることの一つであった。そうして、ある一つのものが口承されるためには、必ず一つの型が必要であるような気がして来たのである。

自由詩なるものが近頃一部の人々の間に行われるが、それが普遍性を持たないのも一つは、平凡を愛する庶民は、おいそれと飛び込んでいけないのが普通であろう。七五調時代の新体詩が、田舎人の口の端にまでのぼって、藤村、晩翠が今の諸詩人より有名になり得たのも定型のおかげではなかったか。和歌俳句の根強き伝統も、一つにはこの型のあるためだと思われる。案内人の言葉が持つ一つの調子も、要は覚えやすく話しやすくがもとで、それが一つの型になり、前時代からの語り口調が影をうつして、我々をして微笑させる「これなる泉は、またあれなるは……」になったのではあるまいか。

そういえば、車掌の駅名をよんで行く口調、物売りの声などにも皆一定の型がある。そういう事から考えられて来るのは、公の言葉と私の言葉である。古い時代は今とちがって、およそ言葉がデリケートで、使うのにも修練を要したのではないかと思う。物の名などを見ても甚だ要を得ており、なつかしい詩を感ずるのも、要は言葉を生かす事の苦心が日常の駆使するもののうちに含まれていたからではないかと思う。

文字の普遍が、言葉の中に宿っていた張りをなくした事は争われない事実だろう。そうしてうるおいない冗舌家を作った事も……。兎に角文字に記録すれば我々はその場で忘れてもよかったのである。それが古き日にあっては、公の言葉こそは、どこまでも後世へ残さねばならぬものであった。言葉の吟味と型の醸成は必然の結果だった様な気がする。お伽草紙などを読んでも、その中には所謂語り物の口調がほのかに見える。とにかく、言葉における公と私は甚だ古くから区別されていたのではあるまいか。しかして文芸とはこの公の言葉に冠せられた名ではなかったろうか。

私の連想は次から次へとんではてしがない。ただそうした事を思うて、憩う少時が、私には一番楽しかったのである。

越前北潟の海岸で宵闇に偶然きいた言葉が「おしまいんさったか」であった。隠岐でも国分寺でそうした挨拶の声をきいた。我々の故里でもまたそうであった。どこでも共通であったのもこれが公の言葉であったためと思う。村人のお互いが話し合うているのを他所者の私がきいたのでは少しも判らない越前の村でも、この言葉だけは明確に判った。

和泉では正月の訪問の挨拶が「ものも」「どうれ」である。この言葉は今正月にのみ行われている。新しい言葉の中に埋もれつつ、なお忘れられず残っているのも、公の言葉であったためかと思う。さて、公といわれる場合は、万人に通じ万世に伝わるという意図がその内に胚胎していると考えての事である。

六　笹原から塩屋へ

片山津から柴山潟にそうて行くと、実盛首洗塚というのがある。道ばたの真菰の茂る赤茶けた小さな池であり、その池畔に碑がたっている。彼の山を手塚山という。標高十三メートルの砂丘で、松が生えている。この上にのぼると柴山潟が一目で、日をうけた片山津温泉の浴場の甍が白く昼すぎの日に光っていた。潟北低地の田は、まだ稲が刈ってなく、野は黄の一色であった。

しんとして人一人行かぬ道が湖岸を這うている。片山津の北あたり、埋立のトロッコの走っているのが小さく見える。ジット立っていて、私は空腹を覚えて来た。手にした地図によればすぐ近くに小学校がある。それを目あてに行ってみると、ささやかな学校があって、校庭にはカンナが赤く咲いていた。声をかけたが誰も居ないらしい。

郵便配達夫が学校の前の道を通ったので、ふとそのあとをつけてみる気になって歩き出した。

松原の中には所々に葡萄畑があって、まだつぶらな黒い実が垂れ下がっている。家もポツンポツンとあり、鶏がのど長くないている。どこの家にも相当大きな鶏小屋がある。郵便屋はその、ある家へ入って行った。それきり出て来ない。私はまた歩き出した。柴山潟から日本海へ通ずる水道に沿うて……。

こうも人に逢わぬものかと、大阪の野に住む人間には不思議にさえ思われる。水道に沿うてアカシヤが植えてある。この木は砂地にも適すらしい。茫漠たりし砂丘をこうして人々は征服してきたのであろう。草や木が生えてみれば人も住める訳である。

このあたりの新しく出来た村の名は、大抵親村の下に新がついている。安宅新、笹原新《シノハラシン》、月津新という様に……。金沢付近では新以外に新保というのが混在している。南新保、西念新保等々。それが福井市付近では、新、新保のほかに、新庄、出作《デツクリ》、開発、新田などの名を見出す。出村の古さも、そうしたもので窺われる様な気がする。

笹原新は、松原の中にあるささやかな村で、ここには実盛首塚がある。どこかの家へはいって土地の話でも聞こうと思ったが、村の道に人一人いない。

家は平家の妻入で、大部分は藁葺である。入口は普通半間で、入口の向って左側に大抵小便壺がある。入口の戸は、上の一尺ばかりが、障子になっていて、光線はあまりはいらない。入口の右側に幅三尺横一間ほどの窓があるのが通常で、家の縁側に同様な窓が一つある。家の中に流れ込む光は、この二ヶ所からのみの様である。はげしい冬とたたかう為にはこれだけの要慎がなければならなかったのだろうが、それにしても不便な事であった。

シンとした笹原新をぬけるとダラダラの、のぼりが少々ある。それを登りつめた所に一軒家がある。珍しく硝子障子の家だ。朝飯も昼飯もたべていないのでもう堪えられぬ程である。ズイと家の中へはいって何かたべるものはないかと聞いた。すると四十がらみの女が飯が少々あるという。アガリトへ腰を下して御馳走になる事にする。家の構造は、はいって左側に格子戸があり、その向こうは桶風呂がおいてあった。井戸は勝手の土間の隅にある。勝手と土間との間も格子だ。入口からはいった土間の突当りがアガリトになっているのである。

飯は真白で、おかずはズイキのたいたのと茄子のつけもの、それが実にうまい。飯を食べていると子供が二人はいって来た。主婦と話すのを聞いていると、沖で鰯のとれている話をしている様だが、サッパリ判らない。やがて子供は出て行った。主婦を相手に話を聞くが一向乗って来ない。単調な生活には話題も少ないのか。

家の前は桑畑で、キビも植えてある。光明るい野を見ながら飯をたべる。たべてしまっていくらあげようかと聞いたら、十五銭くれといった。田舎も中々ハッキリしている。

腹が大きくなるとまた歩く。

笹原新の次が深坂。笹原、塩浜とゆるやかな丘と谷との間に家が散在している。北は松を背負うて寒風を防いでいる。丘は桑畑、谷は田、珍しく稗田も一ヶ所見かけた。

塩浜のトリツキに小学校がある。ここへも寄って見たが誰もいない。学校の前は赤いカンナと雁来紅《ハゲイトウ》が美しい。塩浜の次が千崎で、ここには尼御前崎というのがある。日本海を見るべく御崎の巌頭に立つ。右は弓なりの浜が遠く続いて、松原の黒の上に、はるかに淡く、能登の山が低い。左は橋立港、近頃造られたコンクリートの防波堤に波がうちあげている。眼の前は見はるかす美しい紺碧の海である。

大海に島もあらなくに海原の
たゆたふ波に立てる白雪〔雲〕（巻七　一〇八九）

万葉集の名作がはからずも心をうつ。白き雪〔雲〕のはふり立つ境にある北の国を思う事切である。この海を行く船の煙一すじが沖に黒い、船体は見えない。

〔註　この歌は巻七の「雑歌」中の「雲を詠める」三首うちの一首で、「立てる白雪」としたのは記憶違いか、あるいは誤植か。「立てる白雲」が正しい。〕

ここを去って橋立の村に入る。村はずれに日清日露戦死者の忠魂碑がある。どこでも見かける風景である。私はその一つ一つをしばし見ていた。この石碑の主の亡くなった日の村を憶い、満州の野をおもう。

橋立の村はずれで、一人の老媼が菜をきっている。話しかけて水をのましてもらう。井戸は家の中にある。冬の日の雪の深いための結果であろう。家の前に井戸端を持つ瀬戸内風景とは全然ちがう。村を出ると墓地だ。まことに立派なものが多い。萩の花で埋っている。匂いがかそかだ。

松原の中の小道を黒崎へ歩く。途中篠原戦役死者の碑を松の下の萩の中に見出す。冷たい石をとりなぜてありし日を思う。

追われて行く平氏、追う源氏、たそがれのこの砂丘に雄叫びは、こだました事だったろう。

黒崎は北に高い砂丘を背にしたささやかな村である。ひっそりした、ある家の中をのぞいて家の間取を見ようとしていると、ひょっこり巡査が左手の小路から出て来た。ジロリと見られたものだから歩く。巡査は村はずれまで後について来た。いそいで村を出る。

黒崎から片野へ。

片野は名高い鴨猟場で、三角網によって鳥をとる古い猟法を今でも行っている所である。しかしその鴨も近頃トント減ったという。三角網にかかる鳥の羽ばたきもきいてみたいものである。

地図で見ると片野の西に長者屋敷址というのがあるから百姓に聞いてみたが要領を得ぬ。片野で高い稲架を見る。越前の野は多くは田の畔の立木を利用して、高い稲架を作っているが、ここでは、立木ではない。が見事なもので、六段七段と横木を設け、それに稲がかけてある。この稲架がせまい道の両側にならんでいるのである。見事なる壁だ。壁の上は空が青い。食稲のにおいがなつかしい。

片野から砂丘の内側を行こうと思ったが、近道の浜を通る気になって、長者屋敷址の方へ出た。足が砂にはまって歩けない。砂は実にこまかである。砂丘のかげには大きな船小屋がある。

長者屋敷址は、小さな台地で、その上には黒い石がいくつもゴロゴロしている。礎石と見られない事もない。ここから塩屋まで一里の砂浜道を歩かねばならぬかと思うとつくづくうんざりした。日はすでに傾いた。

長者屋敷址から塩屋までの一里の堤防は風の力を利用して造ったものらしい。秋から冬にかけての強風、西北風が糠の如く柔らかにして小さき砂を吹きまくるという。この自然の力を利用すべく海岸に垣を造る。風は砂をこの垣に吹きつけて堆積せしめる。翌年更にこの堆積の上に垣を作る。かくて数丈の堤を造ったものであろう。垣にはカヤの菰を使っており、処々に松の丸太を杭にうち込んである。出来上がった堤防は藁菰をかぶせ、その上にグミ、ネムなど性の強い木が植えてある。やがてこれが成長し、松が根を張る頃には、この堤防もよき大道となろう。

だが私はここを歩きつつ血を吐く様に苦しかった。足は砂の中にのめり込み、まことに踏みごたえのない。まだ丈夫になりきっていない病後の身体にはヒシヒシとこたえ、病んだ右胸が錐をさされる様にいたんで来る。はるかに塩屋の村を見つつ後を振り返ればまだ何ほども来ていない。私は真白な砂の上に、幾度もカラカラになった喉からしぼって、唾を吐いた。砂にうずくまって五分、十分も休んだ。目の前に海、身をも心をも吸い込んでしまいそうな青さでたたえていた。

酒田の余波日《ナゴリ》を重《カサネ》て、北陸道《ホクロクドウ》の雲に望《ノゾム》。遙々《ヨウヨウ》のおもひ胸をいたましめて加賀の府まで百三十里と聞《キク》。鼠《ネズ》の関をこゆれば越後の国に歩行《アユミ》を改《アラタメ》て、越中の国一ぶり〔市振〕の関に到る。此間九日《コノカンココノカ》、暑湿《ショシツ》の労に神《シン》をなやまし、病《ヤマヒ》おこりて事をしるさず。〔フリガナは岩波文庫（萩原恭男校注）による〕

私をしていわしむれば、奥の細道中の第一の名文と思われるこの一章が、今我が事の様に身にしみて来た。浜風は涼しくなり初めた。私はまた歩いたのである。

日本海沿岸の砂丘には波以外に風の力で出来たものも相当にあろう。表日本に住む我々には想像も難いほど、冬の風は烈しい様である。橘南谿の東遊記にも吹浦海岸の事が見え、次の様な記事がある。

三月廿二日、出羽国酒田を朝とく起出て、吹浦という里を心ざし行く。其間六里にして、路傍に人家なく、又田畑も見えず。左は大海、右は鳥海山にて、過る所は渺々たる沙場《シャジャウ》なれば、道路もさだかならず。此辺の人だに迷ふ故にや、其間三五十間程づゝに、柱を建て道の目印とせり。酒田より一二里も来ぬらんと思ふ頃より、北風強く吹き起り、沙《スナ》の飛散る事おびたゞし。(中略) 次第に風吹きつのりて、沙を吹起すにぞ、天地も真黒に成り、目当の柱も見えざるのみか、我がうしろに従ひ来る養軒さへ見えわかねば、云々

裏日本に限らず表日本でも冬の風は砂浜を荒らす力を持っていた。遠州灘の海岸では、浜に丸太をうちならべ、これに砂を吹き当てさせて丘を造り、その風かげに漁具小屋を営んだものが多い。丸太で造った砂丘はこれをトーゲとよんで、海の魚群のよき見張場所にも使用している。

恐ろしい様な暴虐者も利用すればまた一の造化者に変じたのである。

塩屋まで一里の砂丘は私の精根を尽くさしめるかと思われる程だったが、それでも、やっと塩屋に到りついた時は、シミジミ彼の堤防に松の生長して、人々が海の風景を賞しつつ行く日の近からん事を祈らずにはいられなかった。途中堤防から浜へ下りて歩いてきたのだったが、さすがにこの浜は行く人もないと見えて、一條私の足跡が細々と彼方へ消えていた。

七　湖畔の秋

塩屋の家々もまた窓が小さかった。その窓を何れも夕日に向かってひらいていた。大聖寺川の川口を利

用した港で、ここからは大聖寺への巡航船も出ていた。大聖寺川にかかった橋の上で見ていると、大聖寺からのポッポ船がやって来た。疲れてはいるし、葦茂る川を汽車の通ずる町へ行こうか知らなどと思っていると、船から上がって来たのはアキナイ篭をかついだ女たちだけだった。橋を渡って来た若い女にきくと、もう町へ行く船はないとの事であった。

橋をわたると雑木茂る鹿島山がある。由あり気に見える丘だが、足の疲れのために行きすぎる。

ここから吉崎の村まで、例の高い稲架がつづく。

足は加賀より越前に入る。

吉崎は蓮如の吉崎御坊のある地で、御坊の門前町は、北潟に臨んで明るい町である。湖の対岸、見当山の裾には舟小屋が湖の上にかけ作りにしてあるのが目につく。この形式は宮津湾、中ノ海、宍道湖などでも見かける風景である。

願慶寺（御坊）へまいると、いま念仏踊がすんだ所だといっていた。そういえば塩屋からも太鼓と拍子木の音がよくきこえた。おしい事をしたものだ。

何でもここには嫁おどしの面というのがある。「嫁威し面　西念寺」という札が辻にあった。姑が嫁をいじめ、吉崎へまいる嫁をおどすために、吉崎から一里半ばかり西南の山中で般若面をかぶって待っていた。ところが嫁はそれには驚かなかったが、姑の方が面がとれなくなった。さあ大変罰があたったというので、吉崎上人の所へかけつけ、詫びを入れ、上人が丁寧に念仏を唱えると面は不思議やポロリととれた。それから姑も嫁にまけぬ念仏信者になったという。ところがこの面が願慶寺にもある。イミテーションはまだまだ多いそうな。

寺前の小店へはいって顔をあらったり身体をふかせてもらったりして梨とゆで卵で腹をこしらえ元気恢復をはかる。

湖畔の秋はシンとしている。吉崎はまことにしずかなまとまった風景の地である。これはこじんまりした湖と、雑木林の鹿島山を前にしているためであろう。蓮如がこの地に住んでみたのも決して偶然ではなかったと思う。平凡な海岸筋に、こんな地のあろうとは私も想像の外であった。それだけに何やら喜しくもありなつかしくもあった。吉崎から浜坂への橋は立派なもので、その橋の上から魚を釣っている。対岸の小学校では、いま運動会の終った所である。

私はこれからまだ芦原《アワラ》まで歩かねばならぬ。日はすでに落ちた。道を急ごう。

八　三国の宿

雄島村宿浦は三国の町に続いて、町村界がどこかわからないまでになっている。下女の持って来た宿帳に、坂井郡雄島村とあって初めて、私のとまった宿が三国ではないと知ったのである。

実は芦原で一泊する予定だったのが、その大厦高楼におどろいて、これは私の来る所でないと、三国へ

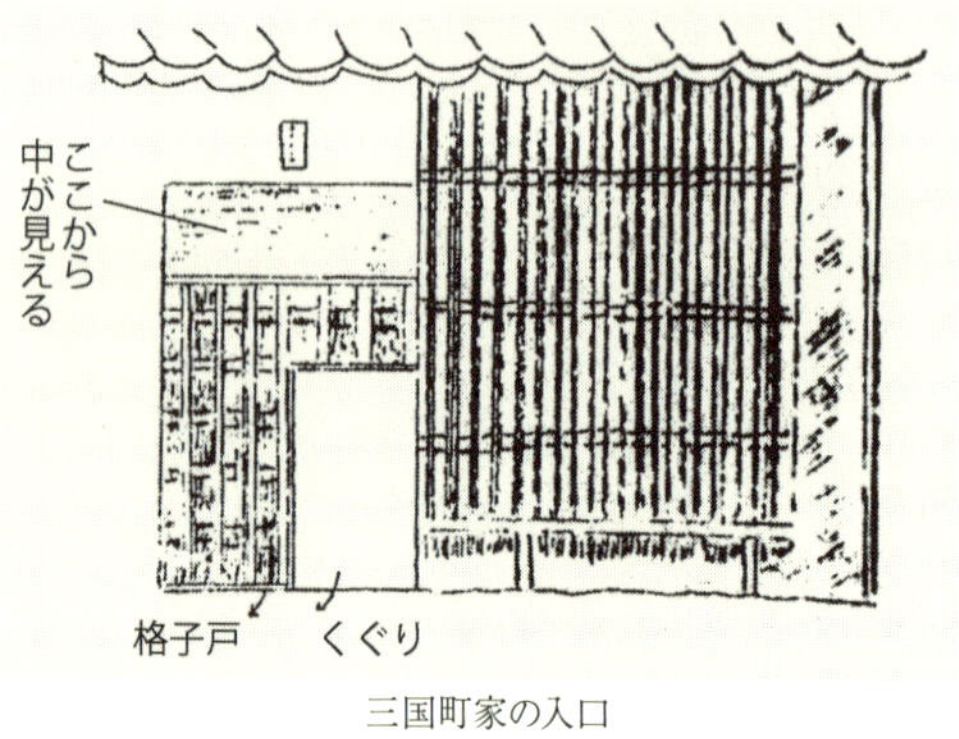

三国町家の入口

来て、出来る事なら港の見える所へ宿りたいと思ってうろついている矢先、また雨になって、止むを得ず、雨宿りした家が偶然宿だった。入口はひっそりした構えで、港月楼といった。

三国の町家の入口は特色がある。別図〔三国町家の入口図〕の様であるが、さすがに古い港町だと思った。しかしとまった家の入口はもう平凡になっていた。出て来たのは学生風な少年で、客と知ると母をよんだ。案内せられた部屋は港に面しているとの事だったが戸が閉っていて判らなかった。お客は私一人である。間もなく下女が出て来た。御飯は冷いが我慢をしてくれ、風呂が湧いておらぬという。貧乏性の人間にはこの方がいい、「兎に角どうでもいいから食べさせてくれ」と命じておいて、カードの整理にかかったが、右胸がいたんでならぬ。血を吐くのでないかなと思ったから静かに仰臥《ギョウガ》して目をとじた。鼓動が早くて高い。何やらさびしくってたまらぬ。それにたえず淋しい音が響いて来る。三十分許り仰臥していると膳が出た。味なきを食べて床についたが淋しい訳のわからぬ音が耳についてねむれない。

翌朝下女にその音の訳を聞いて見ると、「あれは川口の波止場に打ちあげている波の音ですよ」という。私は長塚節の歌を思い出した。

節が死に近き頃、日向の海岸地方をさまよう時の歌である。

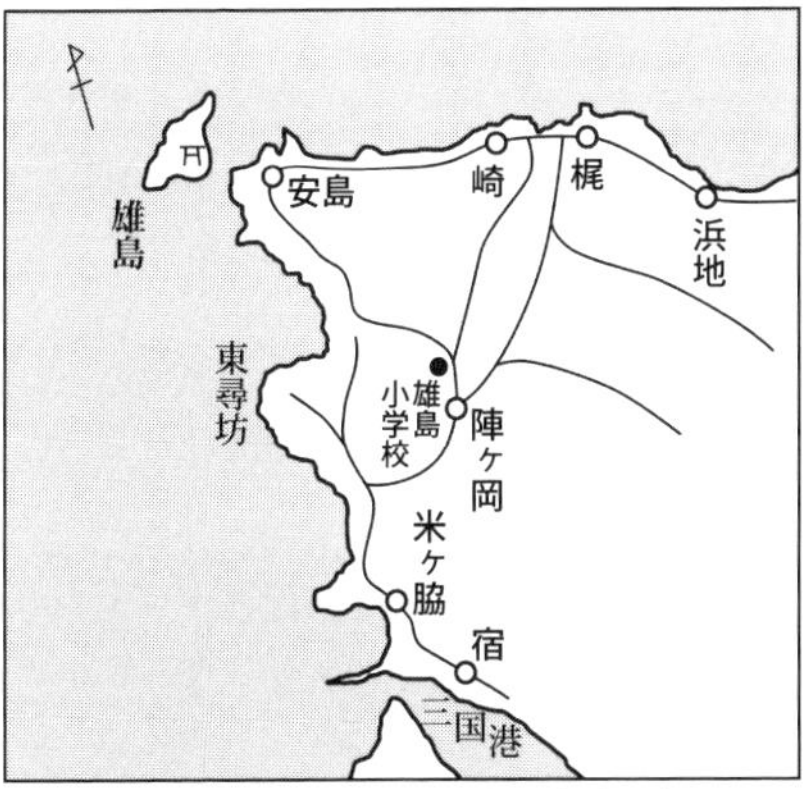

雄島略図　地名は通常、宿浦・安浦というように「浦」をつけてよぶ。

とこしへになぐさもる人もあらなくに　枕に潮のおらぶ夜は憂し

戸をあけさせて見ると、九頭竜川が青く冷くすぐ目の前にたたえ、はるかに川口も見えて、そこには、白々と波が打ちあげていた。この防波堤は中々由緒のあるもので、明治十一年の起工、同十八年に完成した日本最初の洋式防波堤だった。技師も蘭人で、途中暴風雨のため一再ならず破損の厄に遭うたのであった。が、やがて完成を見つつも九頭竜川は土砂の流出多きため、川口が忽ち砂に埋れ、波高く、港をこころざす船が川口で船を沈める事屡々であった。「港に入って船をわる」とは当にこの事であろう。

「遂この二三日前もあそこで船がひっくりかえったのですよ」と下女は語った。

そのために、かって北陸に栄えたこの港も漸次衰退し、今では見るかげもなくなった。が、近く漁港として更生すべく、港の改良工事を急いでいる。

船から陸上げするコンクリート石の方四尺もあるものを、多くの人夫たちが、ロクロでまいて、宿の下の空地にならべていた。底力のある声で、人夫たちがうたっている。港には鼠色の駆逐艦に似た船二隻と、多くの発動船が停泊していた。

下女は、ここから一里ほど北の安島《アントウ》の者だという。ナイーブな子で、今年十七だという。昨年までは海女をしていたが、昨夏やめて下女に来たのだと話した。私は別にあてがなかったので急にこの下女の生れた地へ行って見ようと決心した。しかし下女は「私の村へお出になるより東尋坊へお出なさい」といった。

九　安島へ

宿を出たのは九時すぎていた。川口へ歩いて出て波止場に波の打ちあげるのを見ていたが、また歩き出した。道は東尋坊へ行く者が三々五々歩いている。自動車がとぶ。

「親が右へ行けと言へば左へ行き、左へ行けと言へば右へ行った」というアマノジャクの話は幼少聞いた事があるが、私もこのアマノジャクで、皆がぞろぞろ東尋坊を志すと、嫌気がさして来て、やっぱり安島へ足を向けた。松林の中で道が二つに分れ、右へ行けば安島である。急にひっそりして松原を通して波の音が遠く断崖の下の方からひびいて来るばかり。萩の花ざかりでかそかな匂いがただよう。松林の中の畑には蕎麦も白く咲いている。また林の中にはいくつも薪の坑がある。こもで外をつつんで縄がかけてある。冬の準備はもう今から出来上がっている。こういう道を半道も行けば安島だ。石だたみの道を下りると、石ころばかりの急傾斜な浜へ出る。浜にはいくつもロクロがそなえつけてあって、それで船を浜へ引きあげる様にしてある。私はこの浜へ腰を下した。すぐ目の前に雄島がある。安山岩の柱状節理の発達した面白い島である。私はこの島へ渡りたくなった。

丁度そこへ舟が一艘かえって来た。見れば老人が乗っている。船を沖の島までやってくれぬかというと、今日は波が高くて島へつけられぬという。ではこの島をまわって見せてくれぬかとたのめば、しばらく待ってくれとの事だった。

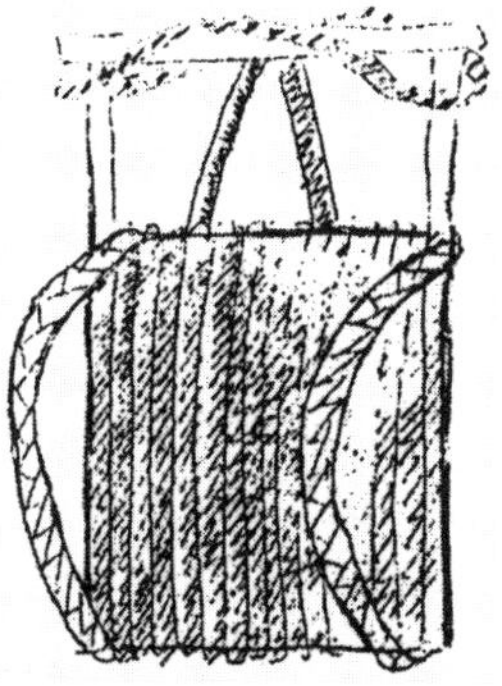

セイタ（安島）　オイコのごとくツメがない。背負う（背のあたる）ところは縄が巻いてある。

「何しにござったな」と浜にいる四十男がきく。「あそびに来ました」「東尋坊へ行きなさったか」「いや行かぬ」「あそこは景色がようがす」「ここの方がもっといい」ぶっきら棒にいうと男はニコッとした。そのうちに若い男が出て来て、「島を廻りたいのはあなたですか」ときいた「そうです」と答えると「おやじの代りに来ました」という。一旦浜へ引上げてあった舟をまた下して乗った。一々引上げておかぬ事には波に舟をやられてしまうという。船の底は平らで、漕ぐのは坐ってである。波が高いからこうするのだといっていた。こんな小さな坐って漕ぐ舟をテンマというそうな。若者はたくましい腕をしている。舟は島を東からまわる事にした。安島と雄島の間は海が浅く、その上沢山の岩がころがっていて、これにあたる波が白く泡立って物すごい。この岩はもとからあったものではなく、波止場を造るべく捨てたものであるという。幕末の越前藩主は名高い松平春嶽で、北海の覇者たらんとし、この地に一大貿易港を計画したのであった。が、地の利を得ず、中止のやむなきに到り、大半出来上がっていた防波堤の石は九頭竜川口の防波堤築造に転用されてしまった。

舟が島の沖に出ると、俄然波が高くなった。波の谷に下ると四囲は青垣の波の畔であり、底は深々として知れざる盃であった。波の山にのぼる時、渺茫たる海原、南望すれば白山の連峰、日にかがようて高く、片々たる白雲は山の上にいざようていた。雄島の磯にうちあげる波は、ゆるやかに高く高く空をついて四方に散った。そのうるわしさに思わず感嘆の声をあげずにはおられない。海岸に育ちつつ、いまだかってかくの如きうねりの上におった事のない私は、一抹の不安を感じずにはいられなかった。

あの岩にうちつけられたら命はないでしょう」「無論、舟はみじんです」

私の心の底には恐怖と耽美があった。島をめぐる一時間は、私にとって消え難い喜びとおののきだった。

十　安島聞書

安島聞書はこの舟の所有者、倉野仁太郎翁、およびその子息の語れる所である。

（1）雄島――雄島は西南より東北に流れ、菱形の島で長径二百間、短径百間あるという。安島の浜から百間余にあり、波のあれる日は、浜から島まで、波が三つ位のものだという。島の高さ百尺で南側が断崖をなし、北になだれている。島には式内の古社、大湊神社があるのみで無人島である。島の木は松、桧、タモ（タブノキ）が多く、北側の傾斜は茅が密生している。そのほか面白いものがある様である。住んでいる動物はヘビ、タヌキ、シクマ、キツネであったが、キツネは最近これをとってしまった。

この島に一夜竹というのがある。昔、蒙古がせめて来た時、その一艘がここに漂着した。浦人はおどろいてこれを福井へ知らせ、福井から征伐に来た。その時矢がたらなくなって困っていると、一夜のうちに竹が生じ、この竹を以て弓に代え、遂に賊を征伐することが出来た。また島に一夜グミというのがある。島のまつりは四月二十日であるが、その前夜まで青いのが翌朝必ず赤くなっているという。

イミの島であってけがれた事をしてはならぬ。無論大小便は厳禁で、もし止むを得ぬ時はなぎさでなし、岩にでもかかったら必ず洗っておく。

この島に一つのカメがあって、これは特にさわってはならぬとされている。先年三国の方からモーターボートでこの島を見物に来たものがあり、案内の者がこのカメの話をするとそんな馬鹿な事があるかといってジャアジャア小便した。そのかえり竹の伐り株で踏みぬきをなし、竹の先が足の甲まで出た。普通であったらこんなによくとおるものではない。おどろいて抜こうとしたが中々ぬけない、やっとの事で抜いて這々の体でボートに乗ったが忽ち足がはれ上って、どうにも動きがとれぬ。早速福井の赤十字病院へ入院したが、余程の重体で、とうとう片足切断したとか。

大湊神社のおつかいは元は亀であったが、今は鯨である。

（2）大湊神社祭礼——この神社の祭神は事代主命、少彦名命（或は大彦命ともいう）で、また三徳大明神ともいわれた。祭礼は四月二十日で天保の頃までは神射式があった。古くは神主が行ったものであるが、後には子供たちが行う事になり、神前に奉納した矢をもらってこれを竹弓で海の方へ向って放した。今ではこの事も止んで、ただ矢を持ってまいるだけになっている。祭の当日は海上守護の神様だから船がずいぶん沢山集って来て、船をつたって浜から島へ渡れるほどだという。神輿の渡御は陣ヶ岡のお稲荷へまでなされる。

なお雄島小学校斎藤フジ先生からいただいた村誌によると、社参者は常に弓矢を宝殿に納める事になっているが、魔風が吹く時はその矢がどこへともなく消えるという。

（3）風位方言——北風：クダリ、西北風：ナガス、西南風：シカタ、南風：アイまたはノボリ。山の方から吹いてくる風をアラシという。シカタが吹き初めると海が荒れ始める。ナガスも恐ろしい風だ。

（4）船の名――底の平らな小さな舟をテンマという。少し大きなものをチョンガイェという。

（5）魚の名――チョンガイェで漁に出る時には大抵三里も四里も沖へ行く。そうして白山がほんのちょっぴり海の上に見えるくらいの所で漁をする。大抵は釣であって、鯛、クチ（車鯛）が多い。釣は縄に糸を七十本もつけ、それの先に針をつけたものを用いる。マグロも釣れる。これはテンマで一里くらい出かけた所で釣る。大きいのになると一間ほどのものがあり、私の父（子息語らる）はそんなのを釣って、魚に舟を一里近くも曳いて行かれたことがあった。鰯もよく釣れる。縄に糸を五六本つけたものを用いるが、一尺近くもあるのが二三匹一度に食いつくと、一二間は舟をひかれる。沖への漁は朝早くか夕方出かける。朝の漁は昼までにかえり、夕方のは夜半にかえる。

　九月から先の北国日和は全く気狂日和で運悪くすると帰らずなってしまう。私の祖父は今から六十年ほど前の九月二十日の夕方沖へ出て行ったのだが、その夜急に嵐になって帰らず了《オワ》って、能登の方までさがしに行ったのだが、遂に死体さえ見出せなかった。二三年前にも夜にわかに時化になって、発動機船が転覆し、三国の川口へ多くの死体が漂着した。

　大抵年に一人や二人は帰って来ない人がある。だがそんな事を恐れていては食うて行けぬ。私たちはどこま

イエヅメ（安島）　縄にて編む。隠岐のツカリに似ている。カマ・ナタなどを入れ、肩に掛けて歩く。

でも海に生きねばならぬ。現に私は東京につい最近までいたのだが、昨年母がなくなったのと、父が老体のものだから、家の手伝いがてら帰って来た。これから海に生きるつもりだ。私は海を恐れない。ただ恐ろしいのは海の魚が減って行くことだ。

景気の良い頃は一年に一人で八百円もかせげたのが今ではその半分にも足らない。不安でたまらぬ。だから元気なものは次第に北海道へ出かせぎに行く様になり、向うでおちついた者も多い。

女も漁に出る。これはモグルのである。私の母はイキの長い方で六分近くも続《ツヅ》いた。もぐって取るのはアワビが主で、そのほかヤリをもって魚をつくのである。魚は大抵岩かげにいて雑作なくつける。私なども相当につく。村の女でモグラヌ者はない。これが嫁入の条件になる。そうして一年の稼が時により男より多い。ただ甚だ無理な仕事なので、女には長命な者がない。男も概して短命である。モグッて魚をつくのは夏が多い。夏は海が静かであるから、雄島の岩の上からでも海に飛び込める。九月になると海があれるから、島からでは出来ぬ。船に乗って出かけるのである。

天気がよくても波のある日は船を出さぬのがよい。今日などは天気がよいが特別に波が高いから危険だ。こういう日には必ず沖に時化がある。今朝はやや静かであったから船が出たが、いずれ昼までには皆かえって来るだろう。

発動船で漁に出るのは危険だ。船足が早いのをたのんで沖の方へ出すぎてはよく失敗する。和船の方がかえって死なぬ。特に沖の方へ出かけるものは、天気予報ををラジオできいておく。ラジオが出来たので大変助かる。昔に比して死ぬ人が減った。

（6）烏の宿——雄島は古くから烏の塒《ネグラ》で恐ろしい程集って来たもので、最近著しく減った。他地方では鶏が暁を知らせるというが、ここでは烏が暁を知らせる。まず朝夜明前十羽ばかりの烏が島の上を舞うて啼く。これが一番ガラスである。つづいて三十分ほどして二番ガラスがなく。三番烏はそれからまた三十分ほど後で、いるだけの烏が島の上を鳴きたてる。実に見事なものである。

（7）越前海軍の無名戦士——雄島村は実に越前海軍兵士代表の地で、倉野翁も北清事変と日露戦役に出征されており、村出身の兵士過半数は海軍の軍人であった。

（8）海から山へ——海が不景気になったもので、近頃は家の裏の崖の上の松林を拓いて畑を作る様になった。そうして田も少々は出来て来た。もともと安島は純漁村であったが、生活に要するもの一から十まで買いこんでいたので、出費ばかり多くなるので止むを得ず、田畑を作る様になった。しかしまだほんの僅かである。

倉野翁とその御子息と石ころの浜に座って一時間ばかりも話したであろう。御子息は昼飯をたきにといってかえって行った。沖からは次々にテンマ、チョンガイェがかえって来る。

浜から東尋坊はよく見える。翁は是非東尋坊へ行ってみろといったが、私はこの浜で見ただけで沢山であった。

「来年の夏にはおいでなさい。宿といっては別にないが、一日一円なら泊めてくれるでしょう。また町の人は一向来ませんから夏でも静かです。沖へ漁にも連れて行ってあげましょう」翁は親切にそういってくれた。潮やけのした頑丈な漁夫だった。

あれからもう一年になる。しかし昨夏も行くことが出来なかった。手紙も出すのを忘れている。翁健在なりや否や。

翁に別れて丘の道を陣ヶ岡の方へ上った。今まで晴れていた空が急にあやしくなって振りかえる海は時化て白く波立っていた。低い丘の乏しい田にはまだ稲が黄色かった。うらぶれた村、安島は崖下で見えなかった。ただ雄島の原始林が暗くこんもりしていた。

松林の中でとうとう雨になった。雨にぬれながら歩く。心までぬれとおってしまいそうだ。時雨の宿を求めて松林の中の雄島小学校をとう。そこにはもう大きな石の角火鉢が職員室の真中にあった。日直の斎藤先生は温和な方で、私の無理を聞いて色々話して下さった。そうして判らぬ事は小使さんに一々聞いて下さった。最後には村誌まで分けて頂いたのである。雨にぬれた侘びしい心が、〔斎藤先生の温〕情に更に暖かくなった様な気がした。

〔「土の香」第一四巻第一号・三号・五号　土俗趣味社〕

八　海荒れ

越前三国は未だ古風な感じの多分に残っている港である。秋雨のあわただしい宵、私は宿を求めて町をさまようた。そうして偶然、雨宿りしたのがさる宿屋の軒先で、この港にふさわしい物さびた家であった。心ひかれて一夜を宿り、給仕に出た女中のうぶな物腰と、去年までは一里ばかり北の安島の浦で海女をしていたという話に、私はその安島を訪ねてみたくなって、朝早く出かけていった。景勝の地として名高い東尋坊は、三国の町から三十町ほどの所にある。海沿いの道を歩いて行くと松林の中で二つに分かれる。左へ行けばその東尋坊、右へ行けば安島の浦だ、私はその右への道をとった。安島の浜に下りた時は、もう朝の漁に出た船がかえって来つつあった。大きな波がうねって、沖にある雄島の磯に打ちあげる沫が、真青な空に五十尺も伸び、そこで割れて、ザザと四方にあたり、キラキラと日に光っていた。船はその磯を廻ってかえって来る。白い帆が海の上に見えたかと思うと瞬間、海の底に沈んでしまう。波に乗り、波を下る度に船は見え、かつ隠れるのである。

浦の浜は島のかげで波は小さかったが、それでも打ちよせた波は礫ばかりの浜に高く這い上り、ひいて行く時カラカラと音をたてた。浜は急で船をのぼすにも容易でない。ろくろを据えてこれで船をひき上げていく。私は帰り来る船を浜で迎えた。釣舟は底が平らで、人は坐って船をこいだ。私はその船に一人の老人を見出した。そして島を一まわりしてみたいと頼んでみた。老人は承知したが、自分の子供に来てもらおうという。実は老人を望んでいたのであるが、それをいうにも躊躇を感じた。子息というのは三十すぎの頑丈な人であった。小さな島を廻るのに三十分もかけて漕いだ。島へ船をつけて欲しかったがこの波では絶対に不可だという。この土地の者にしては方言がなさすぎるので、聞いてみると永く東京で市電の運転士をしていたのだそうである。

しかし母が死に、父が年をとった為に家業を継ぐために帰って来たのだという。大して風もないのに山のように波のうねる日であった。波の谷に下りると四囲は青波の垣、波の秀《ホ》に上がると、遠く白雲のかがよう白山連峰、近く東尋坊の風光、目の前には波が天高く打ちあげられている雄島の磯。私はただ感嘆した。

浜へ帰ると老人が待っていた。私は老人と浜に腰を下ろして昼すぎまで話しあった。

「越前の海岸は敦賀のほか、これという出入りがなく、それに冬になると、波が荒いので、僅かに九頭竜川の川口の三国が港として利用せられるほかに港らしい港はなかった。それを幕末の頃、越前様（松永慶永）は非常に英邁で、どうしても海軍を作って外国に対抗せねばいけぬと考え、それには三国では駄目で、この安島浦に目をつけ、安島の南の荒磯から海中へ防波堤をつき出し、南からの風を防ぎ、安島と雄島の間にも防波堤を築いて大軍港を作ろうと計画した。安島と雄島の間には、その石が今も残っている。しかし南の方は海が深くて意の如くならず結局失敗に終った。その間に世も明治と代ったのである。而して港としてはどうしても三国を利用するほかなく、その為には川口の水路を一定し、かつ船の出入りの際の難破を防ぐ防波堤が必要で、この難工事は日本人の当時の技術では不可能なため、結局オランダ技師によって、明治十一年起工、明治十八年完成した。」

これは老人の話を要約したものであるが、この地でもその頃が世の大きな変り目であったように感ぜられた。

「越前様が、ここを軍港にするという事になりますと、ここの者は海軍方にならねばならぬとの御命令で船を漕ぐ調練など致しました。昔からの漁浦で、百姓をしたという事はありません。この崖の上の田など、明治になって拓いたものです。一つは海ばかりでは食えなくなったからですが、漁をする者は田畑を作らぬものと昔からきめていました。またそれ程漁をはげんだ所ではありますから、海軍かたになる事は皆喜びました。それもしかし明治になって沙汰やみになりました。が土地の者は皆水兵に志願して行きました。今でも、ずいぶん沢山水兵が出ています。越前海軍のもとは此処ですからな。

私も戦争に行きました。日清戦争（一八九四〜九五）の時威海衛《イカイエイ》の攻撃に加わったものです。越前の者は海が荒いから気も荒く、その代わりずいぶん手柄もたてました。

しかし一方ではこのあたりもさびれて来るようになりました。以前、船が三国の港へ出入りする頃は夏時分になると、出船千艘入り船千艘といってずいぶん賑いました。それがごらんなさい。今では新潟へ行く船でもあの通りです。」

老人の言葉に従って指さす方を見れば水平線の彼方に一条の煙のなびいているのが望まれた。こうして伯耆の境から能登の七尾あたりまでは汽船は寄港はしないという。

「世がつつましくなってからは漁師も田や畑を拓き、出稼ぎにも行くようになり、今は八百人も北海道へ出て行っています。」

海のさびれは眼に立ちはしないが、少しずつ人口は減っている。だがこの老人も故郷の熱愛者であった。

「私の父も海で死にました。祖父も海で死にました。私だけは命あって海軍へも勤め、もう後を息子に譲ろうとしています。何も財産もありません。身につくものと言えば家屋敷と船だけです。もう一つあの広い海は私たちの自由になります。どこまで釣りに行ってもいい。時には白山の見えぬくらい沖へまで行く事があります。釣りをしている時の気持ちのいい事といったら……。私はある時、百貫近い大マグロを釣った事がありましたが、その時は一里近くも曳いて行かれました。弱るのを待つほかはないのですが、弱っても船に積み込むには一人では出来ず漕いで帰りました。愉快なものでした。そりゃ海はよいものです。」

老人のさびた声は腹から出て気持ちがいい。私は老人にその祖父の死んだ時の話を尋ねてみた。

「あれは秋九月の半ばだったでしょうか。じいは夕飯前に船を仕立て、沖へ出ました。日和は余程気をつけぬと九月から先は一向定まりませんから何時時化に遭うか分かりません。沖へ出るには海に波がなくて空が晴れていなければなりません。今日のようにうねりのあるのは沖に時化があるからで、決して遠い所へ出てはなりません。その日はよい天気で波もありませんでした。明治の十年には未だなっておりませんから、古い話で、私もごく小さかった。父は家におりました。じいは元気で行きました。今も目に見えるように思います。夜の九時頃までは、シンとして静かなよい晩で空の星もキラキラしていました。しかし父がどうも星がキラキラしすぎると案じ顔に申しましたのを覚えています。これは時化の近いしるしであります。しばらくすると波がたちました。沖にいた船は続々帰って来はじめました。嵐が来るとなるとこのあたりは実に早いのです。だからこれはあやしいと思ったらすぐ帰って来ねばなりません。父が心配して浜へ出ていって十分とはたたなかったでしょう。どっと嵐が来ました。そして吹いたの何の、波が家近くまで打ち上げる程の嵐でありました。海はそうして明方近くまで気狂いのように荒れました。父は浜の小屋で真白におしよせて来る波を見つめて、じいの帰って来るのを待ちました。そういう事は全く望みない事でありましたが、秋の海の事だから、ひょっととまた、波が静まろうかと思ったのです。それが珍しく長かったのです。そうしてじいはとうとう帰って来ませんでした。村の者は心配して、その翌日は早速西へ行く者は西、東へ行く者は東と手分けをして探しに行きました。しかし、結局駄目でありました。

父は能登の方まで探しに行きました。歩いていると浜に人が群れている。さてはと思って行ってみると案の定死体が上がっている。しかし、父ではない。また歩いて行く。しばらく行くと、また人が集まっている。もしやと思って寄ってみるとやはりじいではない。そうしてとうとう能登まで行ったのでありますが、その間に見た六十幾つの死体の中にじいはいなかったのです。

父はよく申しました。あの時程不思議に思った事はない。あの時化の後二三日というものは実に天気がよくて、海も静か、白山のお山もよく晴れていて、どうしてもあの一晩の嵐が本当にあったとは思われない。これはどうも夢に違いない、悪い夢を見ているのだ。そう思われてならなかったと申します。しかし家へ戻って来て見てもじいはおらぬ。ひょっこり何処からか、わしは生きていたのだといって戻って来そうな気がしてならなかった。結局夢ではなくて、それきり船も死体も何処へも流れ着きはせず、そのまま行方が知れなくなり、また父もやっぱり時化に遭うてなくなりました」。

海との戦いを宿命とする人々の心には、もうしっかりした諦観が出ている。あれほど恐ろしい海で何故働かねばならぬか。

「何も恐ろしい事はありません。海の様子をのみこめば時化に遭うても死ぬような事はない。ただ沖の瀬には魚が多いので遂欲がでて沖へ出る。時化の来るまでに帰れなくなってやられるのです。海の様子さえよく知ったら、ここ程よい所がありましょうか。海が荒れ始めると私どもは潜って沖の雄島まで渡ったものです。大きな波を三波くぐれば島へつけました。わがままが出来て気兼ねがなくて世間へ出て行くよりは海の方がよほど気楽です。ただ魚が多くて楽に食えさえすればいうことも何もありません。」

老人も海軍生活より故郷の海がよかった。

言葉の分かりにくい地だと聞いて来たが、老人は完全な標準語で話した。本人はこの浦が明治、大正になっても大して変わっていないというが、必ずしもそうではないらしかった。松平慶永は軍港築造に失敗しても、この地の人を一面勇気あらしめた事も事実だ。海軍の軍人になったり、出稼ぎの八百人も単に食えぬ為のみが原因ではなさそうだ、今に父祖の業を継がぬ人々も出来てくるのであろう。たとえば彼の三国の宿の女中のように……あの娘が再び海女として海へかえるものとは思えない。

私は老人に別れの挨拶をして立ち上がった。そして五分もたたぬ間に激しい時雨に追いつかれて、濡れそぼちつつ陣ヶ岡への道をのぼって行った。

〔「トピック」五巻六号　昭和十三年七月〕

九　若狭遊記

一　心あわせて　──敦賀市白木

北陸線杉津《スイヅ》駅は、海抜二百メートル近い所にあって、段々になった田と畑の重なりの下に、青く深く澄む敦賀湾を望み、湾の西を限る立石半島の標高七百余メートルを示して、極めて高峻な感じを与えるに待って、特異なる風光を呈している。私は幾度か此処を通りあわせて、この風光に心を打たれ、かつ海の彼方の半島に心をひかれたのである。

ところが縁あってか、この半島の突端に近い白木という部落まで歩いてみる折りをめぐまれた。この地はもと敦賀郡松原村に属したが、今は敦賀市に編入されている。しかし市というにはあまりに不便である。敦賀の西、小浜線粟野という駅で汽車を下り、そこから道を西海岸にとって約五里。あの海岸には北田、菅浜、竹波、丹生の四部落〔いずれも福井県三方郡美浜町〕がある。道は丹生まで、今大八車の通る程に改修されているが、もと一本の細道であったという。道におおいかぶさるように茂った草に夥しくキリギリスが鳴いていた。海の彼方に遙かに常神の岬を見つつ行くのである。菅浜の向こうまで歩くと馬背川が美しい砂浜を造っているが人一人見かけない。浜のほとりの松は、砂に松葉を落して、それが美しい毛氈のようである。夜汽車で殆ど一睡もしていない私は、その松葉の敷物に誘惑を感じて、海風に吹かれながら、昼寝の夢をむさぼった。

白木に着いたのは三時過ぎであっただろうか。丹生との間の峠の上から見下ろした白木は、殆ど瓦屋根ばかりで、外見だけは甚だ開けているように思われた。浜へ出て見ると、子供が二三人遊んでいるだけである。やや失望に近い気持であった、
地図を見ると寺がある。寺を訪ねて見ようと思って、その方へ歩いた。村の東の端にあって、やや高くなっている。在家ともかわらぬ造りである。住持は丁度寺の下の道で草をとっておられた。本堂の前の広場に小さな建物があって、これがこの部落の小学校である。

来意を述べて村の生活について聞いてみると、別に変わった事はないという。あれこれ二三の事を聞いたが古風も残っていないようにさえ思われる。私はこういう所へまで及んだ文化の力に驚こうとした。しかし、そういう事に驚くには早すぎたのである。住持上坂氏は他村に誇る名所古蹟がこの村にはない。私の聞こうとしているのは、この古蹟のことであろうと推察されたらしい。丁度その時仏前へ村の老人がボツボツ集まって来はじめた。

「今日はお講がありまして……」という。話は意外にそこから解けて、ここはやはり精神的には多くの古風を持っている事が解って来た。それがどうして、外見だけはこうまで変わったのか?

「話によると今から百五十年も前の事だったといいます……この地は沖漁（釣漁）の盛んな所で、男はすべて沖へ出たものだそうです。男たちが沖へ出ている間に村が丸焼けになりまして……、沖といっても本当の沖です。村が波の向こうへ沈んで見えなくなる位へ出るのです。沖にいた仲間が、どうも白木あたり

らしい所に白煙がたっているがどうしたのだろう、と不審がりつつ、よもや自分の家が焼けていようとは思わず、夜になって帰ってみると、家ばかりか女子供も何人か焼け死んで、中には沖へ出た者だけが助かったという様な家もありました。七十あった家で、どうにかこうにか整理がついて、土地に居つく事の出来たのが十五戸だったと申します。それでも自分の故郷です。見捨てる事もならず何とかしてこの苦労から抜け出そうと相談し、それまで此処は漁専門の所であったが、田も畑も作ろうという事になって、山を伐り石垣を積んで、村の後ろの段々の田を拓いたのでありました。これがまた殆ど女の仕事で、男は今でも田へ足を入れた事さえないというのがあります。そうして拓いた田から、家十五戸が食べても未だ余る程米がとれるようになりました。男はまた男で沖漁をやめて磯漁にしました。そうしてとうとう苦労から抜け出て来たのです。今では借金のある家は一戸もありません。むしろ近在へお金を貸して、近頃流行の農村更正に逢うて、〝お前たちは金を貸す程持っているのだから、借りる方に比べたらましだ。負けてやれ〟という様な事で、十円のものなら三円位返して貰う事になりました。それでも大して不平も申しません。」

私はこの話を聞いて何という偉大な人々であろうと思った。家の立派なのも尤もである。夕方になって私は区長の家へ貰い風呂に行ったのだが、黒光りするまで拭きこんだ柱に家の古風なゆかしさを見た。私はまたその風呂場に驚いた。美しい貝殻などをはめてセメントで塗った、硝子障子の入った明るい湯殿である。都会にもそう多くはあるまい。

「よいお風呂ですね」

湯から上がって、囲炉裏のそばに坐ってそういうと、老刀自が、

「敦賀の町の左官屋に来てもらいまして」

と低く答えた。寺へ帰って上坂氏に湯殿の話をし、どうして此の村が此処までになったかを聞きただした。

「此の村は、村の規則が厳重でして……。先刻もいったように火事以来一戸も家を殖やしません。二三男はみんな他所へ出て行く。敦賀、京都、近頃は大阪へも行く。昔だったら十八九、今は徴兵検査が済んだら出て行きます。早いのは小学校を出て、行くのもあります。女の子も年頃になると、京大阪の方の同郷の者の所へ嫁ぎます。長男と長男の嫁になる者以外の若い者は此の村に居住を許しません。それぞれ出て行って自分で生計をたてます。出ていった者はあまり戻ってきませんが、長男が死んであととりが無いという時には次の弟が必ず帰って来ます。今までのところこれを破った者はありません。

そういう有様で村の人数は昔から百人内外です。今九十七人居ります。女が三人多い。財産もこういう土地だから平均しています。村に広い共有林があって、これへ村の者は誰でも木を伐りに行ってよい。しかし一日に二回以上は行けない。伐った木は敦賀へ売りに行く。だから小遣いの要る時はそうすればよい。

村の中にはまた色々の仲間がある。子供には子供仲間、これは六才から十五才までです。十五才から若衆仲間に入ります。これはオヤジでない六十一までの者です。長男でも、父親が元気であれば何時までも若者でおらねばならぬ。しかしたとえ九つでも親に死なれて戸主になればオヤジ仲間として一人前に通るのです。六十一になると村を絶対に退かねばならぬ、そうして念仏講に入るのです。娘には娘仲間があり、カカにはカカ仲間があります。それぞれ時々集まっておこもりをします。これには頭屋があってそこで一切の食物の調理をします。まことにつつましいもので贅沢はいたしませんが、これが大変たのしみなものです。オヤジはなかなか責任があり、必ず誰よりも一番先に起きて氏神様へ参ります。参らなければ箸を持ちません。女は女で産の忌みなど厳重に行うています。産小屋があって、子供が出来ると三日目にそこへ行き、男の時は二十四日、女の時は二十五日いて帰りますが、この間、一家の者は決して宮へ参りません。不浄の時も一週間よけている小屋があります。村の規則はこうして昔も今も守られて、今日まで来ました。見かけだけは、この七十年の間に、町にも負けぬ程変りましたでしょうが、している事は昔そのままです。」

私はその夜半まで、ランプの下でこの村の話を聞いた。翌朝、四時というに、上坂氏はもう仏前で鐘をならしていられた。村人が次々に参る足音が聞こえた。恐ろしく早起きの村である。朝飯がすむと、氏は神社の方へ案内して下さった。産小屋、不浄小屋も途中で見た。神社は村に不相応なものであった。

「金があるだけでは出来ません。皆の心が揃っていなければ……」

上坂氏のお言葉は真実であった。幕末に建てられたという石の大鳥居は若連中の寄進だというが、当時仲間は七人だったとか。七人のしかも戸主にあらざる者にして、よくこれだけのものが建てられたとは驚かざるを得ぬ。

すれ違う人々は一々我々に挨拶した。小さな子供までも。

寺まで帰ってみると、上坂氏夫人は弁当まで作って出発の仕度をしていて下さった。このあたりは食べる処も少ないから、といって、身にしみる御厚情である。村に入り来る者を困らせ飢えしめてはならないというのが村の掟であるとか。宿はなくても、区長なり有志なりが、銭もとらずに泊めるという。更にほほえましいのは、物売、大工、左官の類が村に入り来たって家々の仕事をすると、最後の日区長の布令で村人はそれぞれ浜へ金を持って出て支払い、決して間違いを起さぬという。

今道路改修の事が問題になっており、これは経費が大きいので容易でないというが、その中解決するであろうと思った。

歩いてみると、外から見える文化だけは、一人前に取り入れつつ、精神的なものはこんなに古風で、しかも平和な村があったのである。日本全国をよく歩いておられる農村更正協会の早川孝太郎氏も、村が平和で、明るいというような所には未だ多分に古い結果が力を持っているのを見る、と語られたが、それは真実である。

寺を出る時、広場で遊んでいた子供たちがキチンと二列に並んで「さようなら」と挨拶してくれたのにも面食らった。そういえばあの子等は朝早くから教場やら本堂の縁やらを一生懸命に拭いていた。それらがけがれなき美しさを持っており、かつ自然であった。村を出る足も軽かった。そして又来て見ようと思った。峠への道で、田で働いている人たちが一々挨拶してくれた。

私はこういう村を報告する事の出来るのを喜ぶ。しかしこの安穏や幸福は、決して条件にめぐまれての事ではない。村人の厳粛なる戒律の上にうち建てられているのである。


〔「トピック」五巻七号　昭和十三年八月〕

二　子供の世界 ——福井県三方郡美浜町丹生

若狭国三方郡山東村〔現・美浜町〕丹生と書けば、山中の村のようにも聞こえるが、実は敦賀の西、立石半島の西海岸にあるささやかな港である。釣針のようにまがったエビス崎という岬にかこまれて、小さいながら実に静かな湾をなし、暴風雨の避難地としては格好の所である。

前に書いた白木からは低い峠を一つ越えた南側である。海の潮の干満の殆どない日本海の、しかもこの静かな湾内では、渚まで草が生え、浜の畑に植えた南瓜の蔓が海の中へ這いこもうとさえしていた。家のある所に海に面して二三の船陣〔ママ〕があるのが目に付く位で、湾の中に船もおらず、昼もひっそりとして南風が吹いていた。今はこんなに物静かでも、かってはきっと北前船が着いた事であろうと思って、私は村の老人をさがして歩いてみた。

家といえば六十戸ほどの所である。北前船について、この伝承はもう大方分からなくなっている。記録の上から見れば、大阪から下関に出、日本海岸に沿うて、津軽の十三の港あたりまで行った事はわかる。そうして古い港には多少の文書も残っている様だが、あの船に乗った人々の生活、信仰、組織という様なものは殆ど分からなくなっている。しかしこれが本当に分からぬと、文化伝播のあとが十分に考証できない。

関西の文化が東北に及んだについてはこの北前船の力がきわめて大きかった事だけは分かる。従って私は早くから北前船について心を寄せているのだが、方法の拙さと怠慢から、未だ研究の目鼻さえついていない。そのうち港々の老人もこの世に別れて行く事であろう。

さて私は道ばたに一人の老人を漸く見出し、北前船について聞き出したのである。すると老人は村の物知りという老人を教えてくれた。来意をつげて話をきこうとすると、ケンもほろろの挨拶である。

「いったい昔の事を聞いて何になさる？」

という。そこで昔の事だとて軽蔑はできない事を話し、貴方達の生活を一片の記録にも成さずして忘却の彼方へ押しやってしまう事が本意かどうか、と聞くとすぐ呑み込んで下さった。それでは家の中へ入りなさいという事になって、私はその囲炉裏の側に座り込み、それから三時間ほど村の話を聞いた。

この浦へは北前船は来たが村とは関係が殆どなかったという様な話で、その方面では失望したが、村のいくつかの古い習俗の話をして下さった。もう一つ、有難かったのは囲炉裏のそばへ何人もの男が来て、話を賑やかにして下さった事である。それが一家の人々であるとは思えない。だが案内もなしに入り来たり、炉辺に座し茶をのみ、また出て行く様は家族と少しも変らない。蓋し村が平和でなくてはこういう事はあり得ない。一たん心をといてからは何のつつむ所もなく話して下さる。私には実にこの上ない収穫であった。

さてその話のうち心にとまったものを書きつけてみると次のようである。

此処には子供組があった。随分古くからのものらしい。村ではボーラの中は、カシラ、チューラ、ゲーラと三通りあり、まずゲーラになる。入る日は二月一日でこの日初講をする。子供の宿があって、そこで庚申様を祀り、子供たちはお膳を持って集まり、一緒に食べ、それから弓の事といって的を作って射った。その講の席上で仲間入りをした。仲間に入ってゲーラを三年するとチューラになり、チューラを二年して十六になるとカシラになった。カシラは絶対の権力を持っていて、仲間の者で不都合な事をすれば冬であればなぐり、夏であれば海へ投げ込んだ。これに対して村人は一切口を差し挟む事は出来なかったという。

ボーラの仲間には幾つかの年中行事があった。まず一月七日にはコーモリソーといって大師さんの修業の真似だといい伝えられる行事があった。ボーラの中のゲーラの仲間が中心になって行う行事で、十三から下の子供は全部加わる事が出来た。朝早くこれらの子供たちは家で包みを一つもらい、それに家々から米、アラレ、豆、銭などを貰って入れた。その時子供たちは口をそろえて、

こうもりそうのおうすずめ
銭でも候　豆でも候
敦賀の奉公の奉公の銭
襷の端の結び銭　かえりの端の結び銭
ほうと一升五合
河原のどじょうに甑をたてて
こはいをもして
何きよう、よめぎよ

いつけれけんじょう　にけんじょ
さるけんじょ　しけんじょ
しきり鉢の上に
ぴっぴひよどり　豆の子どり
あをじゃ盲目で　そこへ一寸ついのけ

と唄って歩く。

その意味は私には分からない。さて貰ったものは寺の下の家へ持って行ってそこで豆を煎って貰い、お金は観音様にあげた。また観音様へも枡へ一杯豆を入れて供える。すると和尚さんは豆一升を下さった。近頃はパンをくれる。お寺にはえんま様を彫った版木があって、それを紙におして自分の名を書き、観音様の戸の腰板に貼って帰り、また煎った豆を貰って帰った。今年一つの子は茶碗に半分であった。

一月十五日にはドンドをもやす。サギッチョともいって十四日の晩に神の森から枯木を寄せ、宮のシメ、松などを持ってきて番をする。村が田口と奥浦の二つに分かれていて、宮の注連縄をやくのに二つに分けねばならぬ。ところが宮に近い田口の垣内はよく松を隠したものである。これはよい松をとられぬようにするためで、別によく似たウソ松をきって来て立てておき、松をわけようといって奥浦の者が来ると、ウソ松の方をやった。これが争いのもとで、後に角力できめる事にした。そうして勝った方が好きなものをとった。負けた者は松を道までかついで行った。その時人々は松の先を折ろうとするので松を持っている者は足早く走った。しかし折られる事もあって、それがまた喧嘩のもとになった。その喧嘩にも親兄弟は口が出せなかった。

十四日の晩、子供は太鼓を叩いて村中をまわり、

狐の狩やどんどん

と唄った。十五日には村人が神様の門松の所へそれぞれ自分の家の門松を持って来てドンドをし、その火で餅を焼いて食べた。

盆にはマンドロをした。マンドロは柱松の事で、旧七月一日にしまってある胴木を出し海で洗って乾しておく。七日には藤とりといって、子供たちは山へ藤を採りに行った。これは一日仕事で骨が折れた。刈ってきた藤は昼は水につけ、夜はあげて乾して柔らかくした。十四日になると、子供たちは藤蔓を持って村はずれの浜に集まってくる。若者組のゲーラという仲間もやって来て、これが胴木をたててくれる。胴木の高さは七尋もあろうか。この先に木の籠をつけ、籠にはヒダ（シダ）が一杯入れてある。三十貫もあろうか。これは村人が刈ったものである。

マンドロは十五日の晩である。夕飯がすむと村人たちが集まり、この胴木から三四丁も離れている所から松火をつけて、これを振り振り伊勢音頭でやって来る。そうしてマンドを三度まわって籠へ松火を投げあげる。この時ボーラは、桶、バケツ、杓を持って集まり、マンドをとりまいて警戒している。そしてヒダに火がついて燃えはじめると、長い二本の竿で火の粉を払う。最初を一番ガラキ、次を二番ガラキで胴木を海へ倒す。まことに見事なものであった。倒すとき若衆は鉦太鼓で念仏した。これがすむと観音様へ参りそれから踊場へ行った。

この行事は子供が全く施主であった。

しかしこうした行事も大方はなくなった。風儀上よろしくないとか、火事の危険があるとかいって……、そうして子供たちは学校の事にいそしむようになった。そういえば竹波の方へ行く湾口に近い所に小学校があって、子供たちが体操をしているのを見かけた。古い世界に替って新しい世界が来たりつつある。村の誰も彼もこれを承認し、またそうあるべき事を望んでいるのであろう。何処の村でも多少文字もよめ、世間を知った者には、自分の故里の旧弊さを笑う風が多少ともある。それでいて住んでみれば一番住みよいのである。

お昼になると「何もないが」といいながら昼飯の仕度をまでしようとして下さった家刀自の心も有難かった。しかし、白木の寺で作っていただいた弁当があった。すると「せめておかずなりと」といって烏賊の煮たのを出された。夏というに囲炉裏に火も燃えていた。しかしそれを別に暑いとも感じぬ程であった。すべてがしっくりしていてその周囲に集う人の心に何のわだかまりもなかった。そうしてまた、私のノートを少しでも殖やそうとするあたたかい心も見えて、一人がいい落とすと一人が付け加えて下さった。「ああした事もある」「こうした事もある」と次々に話が出たが、先を急ぐ旅で筆をおいた。「また来ます」といって昼下がりに家を出たのだが、あまりにも強く心が後へ残った。何遍も振返って村を見た。深緑の中のささやかな村である。新しい文化からは遠く後れているかも分からない。だがしかし、少年の日からこんなに睦み合うて成長した人たちの心は、他人同士といっても、我々の兄弟以上の親しさがあるように思われた。そうして、こんな心と、こんな世界だけは、出来る事なら何時までも残して置きたいものだと思った。何故なら他の地方では美談とせられる隣人愛が、此処では何でもない日常の茶飯事として人々の心に生きているのだから。恐らくはこういうものが古い日本人の本当の姿に近いものではなかろうか。

〔「トピック」五巻八号　昭和十三年十月〕

三　若狭漁村民俗

舟オロシ　若狭山東村丹生では新しい船をつくるとオコワを持って宮へ参り船に至り、女の子を一人のせて沖へ漕ぎ出し、帰って来て女の子は宮へ参る。大きい船は沖から帰って来ると餅をまく。しかし最近この風がやんで船におみきを持って参り、一寸船を動かすだけになっている。

タカリノイワイ　同前地、旧十月。タマスズがとれるようにといって海で裸になって水をあび神様に祈る。漁師は全部参加する。また魚がとれてしまうとガンバラシといって祝い、お宮へ参ってお講をする。タマスズはコーナゴともいう。よくつくのは一月から四月までである。この魚の来る時にはカゴメ（鷗）がつく。カゴメと一緒にハナドリ（マトリともいう）が来、水にもぐってコーナゴを追う。するとコーナゴはたかって海が高くなる。そこへ船を漕ぎよせて魚をすくいとる。しかし近頃こんなことはなくなった。

サキアミ・アトアミ　同前地にて。サキアミは八月十日までであり、アトアミはそれから十月のかかりまで。サキアミにとれるものは、メイジ（マグロの子）・サバ・ブリ・シビ・サシ・イワシ・ブリコの順である。サキアミがすむと網子の雇いかえがある。網子は土地の人である。

サブトネ　同前地にて。若狭から越前にかけては金持にトネの姓のつく者が多い。若狭にも鍛冶屋の姥型の話があるが、トネの家の姥に猫が化けている事になっている。サブトネは丹生の金持でこの家の金を使わぬものはなかった。そこであまり威張ったので網の中へたたき込んで殺した。其後村網をひくとサブトネが蛸になり蛇になってあらわれ魚が一匹もとれぬ。そこで施餓鬼をした。そして岬の岩の上にノシ(主)に祀った。今も施餓鬼は行っている。

オーシキ　同前地にて。オーシキは大謀網の事であるが同じ若狭の日向《ヒルガ》では鰯網はオーシキ、鮪は大謀と区別していた、丹生のオーシキは村の積立金で作っている。秋十月末に選挙で支配人をきめる。春先の休みの日、組中の者が集って網子をきめる。三十人ほど要る。これは毎年きめるのである。きまった人以外は出られぬ。曳上げはブでわけ、残りを株主が分ける。網の仕事は四月にかかり、五月にアミオロシをする。魚がとれぬとお宮へオコモリをする。

ウナギカブ　若狭三方湖にはウナギ株というのがあり、七軒で組んでいる。この仲間のみが、湖の鰻をとる事が出来る。仲間に入ろうとするには誰かやめる者のある時、その株を買うのである。ウナギツツを利用してとる。二百も三百もつけるのであるが餌は要らない。三方湖に近い久々子湖にはボラ仲間があり、仲間の者だけが湖にエリという網をはってボラをとっている。

ヌノミ　同前地にて。湖があさいので湖中到る所に粗朶が四角に積んである。これがヌノミで、木は葉のついたままを積む。そうして外側を簀で巻いておく。こうすると粗朶へエビがつく。半年もそのままにしておいて秋になってあげるのだそうであるが、一つのヌノミで三斗位のエビがいるという。ヌノミを積む粗朶は一定の木であるというが、その名は聞き出せずに終った。

ムギワラ船　若狭日向では海で死んでかえらぬ人があると麦藁船をつくり、火をつけて沖へ流す。

フナダマ　若狭日向にて。舟玉様は十六善神であるという。寺谷の法心寺の坊さんが売りに来る。この坊さんをトシバッケという。十六善神はお札で舟のトモかミヨシの人の寝るようにした所へ貼りつけておく。正月十一日には祭をする。おがんで酒をのむ。また御飯をたくと毎日供える。

魚の保存　若狭丹生では、魚を貯えるために魚の頭と臓《ハラワタ》を出し、塩をしておく。これをシオマキという。この方は一月位しか保たぬ。もっと長く保たそうと思うとヒシコといって、塩と糠とにまぶし、桶に入れ、その上にサンダワラをおき、板を置き石の重しをおいておく。こうすると何年でも保存出来る。ヒシコは古い書物に見えるヒシホから訛ったものであろう。

潮の名　若狭日向。ヨコシオ、デノボリ（斜西沖へ）、デシオ（真沖）、デクダリ（斜東沖へ）、ヨリノボリ（海岸に沿うて西より）、イリシホ（真沖から）、ヨリクダリ（海岸にそうて東より）等の潮あり。風、雨によって色々ちがって来る。デノボリ、ヨリノボリは漁に悪い。沖へ出る潮がよい。二つの潮の合うてクズ（渦）をまいている所をシオザカイという。波をノタ、ウネという。湖をカワ、暗礁をクリといっている。

星と漁　カラスキが宵にのぼる頃になると鰺が食う。ノトボシは能登岬から出る大小の星で、秋九時半頃のぼる。その頃から鰺、鯖がいさんで食う。ヨアケノミョウジンが出るのも、カラスキ、ノトボシと同じ頃で、釣の目安になる。スンバリは七つかたまった星で、一本釣りはこの星の出によく釣れる。その他名のある星では、カジボシ（北斗七星）、オノホシ（秋の夜あけ東南に出る）、シンジボシ（六月の八時頃上る。白色で小さい）アトボシ（スンバリの後上る）ヤカタボシ（六月の夜あけ）などがある。

〔「民間伝承」三巻三号　昭和十二年十二月〕

四　三方のみずうみ

一

若狭の国三方《ミカタ》のみずうみは古く万葉集巻七にも

若狭なる三方の海の浜清みい往き還らひ見れど飽かぬかも（巻七　一一七七）

と、その美をたたえられた湖である。久々子《クグシ》、日向《ヒルガ》、水月《スイゲツ》、菅《スガ》、三方と五つに分かれていて、三方五湖ともいわれている。一番南の三方湖は、小浜線三方駅からも見えていて、湖畔まで何程もない。通りがかりに見れば何の奇もない小さな湖であるが、湖畔にたてば、万葉の歌を口ずさんでみたいよさを持っている。

私は親しい友の柴田君と、この湖に近い海岸の漁業について一見しようと思って、河原市の駅から、久々子、日向湖の方へ歩いた。

久々子湖は西が山、東は田圃で、水深も浅く湖の中には、鰻をとるエリが多くしかけてあるのが眼についた。この湖には鰻とる仲間が八戸の者に限られ、これを鰻株といっている由である。漁法はエリのほかに鰻筒というものを用いると聞いた。平凡な湖である。早瀬という所で水道によって海に連なっている。そこから十丁も行けば日向の湖である。それまでに道は低い峠を越えて海に出る。目の前を氷を積んだ車が行く。道の下にある家から若い男が出て「少し下さいよう」というと、車を押していた男は、大きなけらを持ってその家へ下りていった。普通の氷にしては白い。聞いてみると冬降った雪を、山の急傾斜へ穴をあけて、そこへオガクズを詰めておいたものである。そういえば、今まで来た道ばたに幾つも氷室の口があった。この氷がこの浦でとれた魚に入れられ、京都の方へ行ってまた水になってしまうのだ。道の北は崖で、崖の下は海である。澄みとおった海藻のなびいているのがよく見える。裸童子は桶を浮かし、海中眼鏡をかけて、海の中を遊弋《ユウヨク》し、浮き上がって桶の中へ入れる。僅かばかりの火を浜で焚いて二三人あたっている。学校帰りの女の子が見下ろして笑うと、下からゾンザイな口をきいて男の子も笑う。ほほえましい風景である。女の子に何を採っているのか聞いてみるとテングサだという。上手になれば一日に一円はとれるが、子供は学校から帰っての仕事で、十銭か二十銭かにしかならぬ。それでも、友達と海へ入って騒げるのが嬉しくて、こうして採っては、村で買うてくれる家へ持って行くのである。私はふと我々の食べている寒天の中にその美しい童心がこもっていはしないかと思ってみた。

日向の湖も水道で海へ続いている。その橋の上には沖からの船を待つ人が幾人も欄干によって海の方を見ている。私はその中に一人の老人を見出した。八十を三つも越えているとの話であった。その若い時代の釣漁について聞いたが、「そんな事を聞いて何になさるか」と相手にされぬ。それでもこの浦の釣漁についてはどうやら一通りは聞けた。大して面白くもない話だから此処では省くが、結局古い漁法に固執している者は不遇であった。

「私の話をきくより、今夜は旭屋へでもとまって、大シキを見せてもらいなさい」

という。大シキとは大謀網の事である。今マグロのとれ盛りだ。新しい漁法だが元気のいいものだ、古い事より新しいものを見ていって欲しいというので、私たちはその言葉に従って宿屋の方へ歩いた。狭い道である。家は汚くてごみごみした感じである。しかしこれは漁村共通の風景である。歩いていくと村はずれへ来てしまった。宿屋を見失ったのである。もう一度引返して、やっと教えて貰う。

やがて我々は湖水に面した間に通してもらってくつろいだ。旭屋というのである。部屋から見下ろす湖中にはチヌ、スズキなどが悠々と泳いでいる。実に夥しい数である。湖は渚から急に深くなっていて、洗っている茶碗でも落とそうものなら、ころころと転んで底の底まで行って見えなくなるという。

隣の家の男が釣糸をたれているが魚は一向かかりそうにない。湖は東西八丁、南北十二三丁もあろうか。大体楕円をなし、四囲は垣の様な山、ただ東南が平坦になっている。湖の対岸には夥しい草葺の小屋風のものがある。船倉かと思ったが違うらしい。聞いてみると網を入れる小屋という。しかし腑におちぬ。その翌日、船でつぶさにこれを見た時、それは薪のコツであることを知った。一冬中の焚物になるのである。

旭屋のおかみは、家付きの娘で京都あたりにもいたことがあったというシッカリした女で、その話しぶりが実に生き生きしている。身振り手振りでいくらでも話してくれる。この漁村にはまだ多分に古風が残っている。それが、あの明治維新前後にどうした変化を受けたかは、語りうる年配ではなかった。しかし目をみはり、耳をすませば、この地が現在へひたひたと歩み続けた足音は聞こえるように思う。村は新しい大謀網を海へ入れるまでになった。老人は過去を語る事を好まない。だがしかし、家々の軒の南の端には、皆刃先が南に向けて赤錆びた鎌があげてあった。拍子木を入口に吊ってあった。これらは文化を誇る人たちはもう忘れてしまった習俗だが、つい近頃までは各地にあった風である。鎌をあげるのは、これで風の神を切り、風を和らげるのである。風の激しく吹く時には血がついていたという様な話も残っている。あの法隆寺の金堂からも、今度の修理で鎌があらわれた。元禄の頃の人たちの心を我々はそこに見たのであるが、日向ではそれが現実として残っている。

拍子木の吊ってあるのにも訳はあった。天狗が家を焼くために縄張りをしているのであるが、寝る前に家の前で三つ叩いて「火の用心」というと、その縄張りの縄がきれて家が焼かれなくてすむという。こうして家々では毎夜のように拍子木を打った。しかし、文化は人を怠け者にする。それが大儀になって、今では二十軒ずつが組んで交替で叩いているという。

夜まわりが拍子木を叩く心はもう忘れられて単なる警告位にしか考えられなくなっているが、もとこれが神聖なるものであったことは、およそ想像つくのである。そんな古風がここにはあった。聞き出した話の中にもその精神生活の素朴さを思わしめるようなものは多かった。形の上の新しいものを追うても、心だけがこうして古いままにいるのは、実は町も田舎も同一であるといっていい。ただその生活の差から、忘れられた部分にも田舎と町では差があって、奇異の感を起こさせているのである。大都会の百貨店でも屋上には稲荷社を祀ることを忘れてはいない。陸軍軍人の礼服のあの軍帽についた羽毛の飾りを原始文化の所産と何人も考えているであろうか。都会なるが故に、文化人なるが故にすべてが新しいと思うのは大きな誤謬で、実は多くの古風を蔵しているのである。

ただ日向に近郷近在の人さえもう忘れ去ったようなことの残存しているのは、古くからの漁村であるためであろう。いわば生活が四囲の村とは異なっていたのである。そしてその事が決して恥辱でも何でもないのである。何故なら漁夫としての彼らは忠実であり、かつ進歩的であるから。

而してこれらのことが忘れられる日が来れば自ずから忘れ去られるであろうが、敢えてこれを滅ぼす要は毫《ゴウ》もないであろう。強いてそれほどまでに我々は人生を事務的なものにするにも及ぶまいから。だがしかし、ここには一面すでに都会的な悪さが沁み込んで来つつある。大阪人はこの湖に遊弋する魚群を見逃さなかったのである。日向の人の釣針にはこの湖の魚はかからなかった。底なしの湖といわれる湖に数知れぬ魚群を見つつ捕れぬものと諦めていたのを、偶々ここに来た大阪人は決して諦めはしなかった。村中の糠を買い占め、餌を買うて、湖にまき散らし、釣るわ釣るわ何百何千の魚を一日の中に釣りあげたという。それから毎年夥しい大阪人が秋になるとやってきて釣り糸を垂れる。村の漁夫は漁をやめて、これらの素人釣客を乗せて漕ぐ役目になった。まるで位置顛倒である。玄人の漁夫が及ばないのである。村の漁夫たちはしみじみ嘆じていった。

「あれだけもとを掛けて釣ったら我々にも釣れようが……」

旭屋のおかみはいっていた。

「そりゃ大阪のお客は威勢がいいですよ。時に百人も来ましょうか。早く来たのが、村中の餌の買占めをやってしまいます。お金はいくらかかってもいいっていうんですから……。それに釣っても売るでも食うでもない。皆やってしまいます。村の人は何故ああした事をするのだろうかといっています。やったり逃がしたりするのならわざわざ釣りに来なくてもよかろうにと不思議がっていますものね」

そしてしみじみと我々もそういう境涯になってみたいと慨くという。一日雇われて船を漕ぐと二円から二円五十銭くれる。自分が釣りに出たのでは二円になることは難しい。そんな事から、今は雇われることを望んでいる。そして都会人と見れば金をむさぼろうとする様な心が生じたというのである。我々はよくある事だと思ってその場では聞いたが、翌日船を雇って三方の島浜まで漕いでいってもらった時、僅か一時間ばかりの所を、最初は一円か一円五十銭で行くようにいい、いよいよとなって二円を請求し、上陸する時更にもう五十銭をといわれて、男の手に五十銭を渡しながら限りなき淋しさを覚えた。

都会人から大謀網の様な生産文化形式を学んだ日の彼らは希望に満ちて雄々しいものがあった。しかし、消費の姿を学んだ日の彼らはまた生活の自信を弱め、卑しめていく以外に何者もない。しかもそれが当然受くべき洗礼というには、大きな自覚なき痛手ではなかろうか。

さもあらばあれ、その夜半まで友と手すりによって湖心に澄む月を仰いで語りあったのである。湖に浮かぶ漁船いくつ、ただ寂として、波なき湖面に影を落としていた。

二

何程も眠ったとは思わなかった。私たちは旭屋のおかみにゆり起こされた。戸をあけると湖は静かに澄み、月は未だ山の上にあった。人の声が聞こえる。時計を見れば三時である。

「大シキが出ますよ」

おかみは約束の如く起こしてくれたのである。急いで服を着込み、船の所へ連れて行ってもらうと、もう四五人乗り込んで何かいい争っていた。私たちはトモにたっていると、一人の老人が筵を敷き、ここへ坐りなさいとすすめてくれた。二人はそこへ腰を下ろした。船の人は未だいい争っている。訛りがひどいので十分には分からないが、もう船を出さねばならぬのに肝腎の人が来ない。その人は網をあげた時、マグロを船に取り入れる役らしい。その役は順番にやるのであるが、昨夜その男は自分の番と知りつつ仲間の者六七人と芝居を見に行って、今朝は網へは出ないといっていた、怪しからぬ奴だというのである。それに対して一人はきっと来るだろう。今まで自分の持場を怠る様な者はなかったのだから……と、これは穏やかにいっている。だが、もう船を出さねばならぬのに来ないではないか、といっている。嚙む様な声である。つかみ合いにならねばよいがと心配しながら聞いていると、声はますます大きくなる。その声が湖の上を渡って対岸の山にぶっつかって、こだまするのがよく分かる。一人の声が湖を掩い埋めているのだ。一人がボソボソいうと一人が怒鳴る。

しばらくすると若い男が来た。皆揃ったかと聞く。大きな声の男が、まだ六七人来ない、これで船が出せるかと、また怒鳴った。若い男は我々を見て、お客さんですかといって、更にどちらからかと聞いた。大阪の者です、と答えると、ああ旭屋のお客ですか、と独り言をいって、

「あまり怒鳴るない。お客がいるんだぜ」とたしなめた。そのうち二三人来た。

「〇〇はどうした」

と大きい声がいうと、若い声で

「来るよ、支度をしていた。ゆうべ芝居が遅くなって、寝たのが一二時すぎていたものなァ」

という。これで大きい声が何か小さくつぶやいて静かになった。いい争いされていた主はそれから間もなく、遅くなって相すまぬ、といって現れた。これで揃ったのである。伝馬三艘で、ポンポン船にひかれて行く。水道を通って海に出ると、越前の山の上がポッと明るい。地球は朝に向かって大きく寝返りを打とうとしている。どこかで網をひいているらしい掛声が聞こえる。船は常神岬の一つ手前の小さな崎に仕掛けてある大シキの所へついた。

大シキというのは一つの定置漁法で、長い垣網の先にモドリのついた身網がついている。魚は垣網にぶっつかり、網に沿うて身網の中に入る。入った魚はモドリのために外へ逃げ出せない。漁師はこの網を曳きあげて魚をとるのである。一網が五万円もするという大仕掛けのものだけに、曳きあげるにも一時間はかかる。我々は人々の後ろで曳きあげていく網を見ていた。曳きあげたものはすぐ海へおとして行く。濃藍の実に美しく深々とした海である。底は見えそうもない。その濃藍の中へ、光がさし込んでいるのが分かる。振り返って東を見れば、壮大なる朝焼けだ。久々子の岬でも大シキを曳きあげているのが見える。それが光りかがやく中に黒く浮きゆるやかな掛声がそこから流れてくる。

月はすでに光を失った。黒かった岬は、朝の光に初夏の化粧の美しさを見せて燦然とした。そして日の出だ。真っ赤な太陽は音もなく上った。満身の力を中にひそめて、やがて灼熱に移らんとする姿だ。

だが漁夫は海を見つめて曳きあげていく。腕にこたえた力がやや弱ったらしく、掛声がやがて話声にかわった。

年の若い、十七八の青年が

「もうすぐですよ」といって振返って我々を見た。どうですかね、と聞いてみると、さあどうもマグロはいないらしいと答える。手ごたえがないらしい。

曳きあげて見ると果たしてそうであった。一尺ばかりの鯖が七八百、飛魚が三四百のっただけだった。これでは何程の金にもならない。それらの魚は舞鶴から買いに来たというポンポン船が積んでいった。皆ほっとした様な顔をしたが、失望の色はあった。

「常神では昨日三十六本もとれたというから今日の午後は来るでしょう」ポンポン船の人はそういっていた。それでは見張船を残して置こうということになって、用事のない者や我々はまた湖の方へ帰る事にした。魚を積んだポンポン船は常神の岬をもう向こうへ越えて見えなかった。

私は船の中で月の名や星の名を人々から聞いてみた。皆明るく朝の争いは忘れてしまって、口々に答えた。声の大きい男も、それはそうではない、こうだ、と若い者が間違っていると訂正してくれたりした。親方は、あまり怒鳴るないと今朝程いった若い男で、この人熱心に色々と海の生活について語ってくれた。

船がつくと、親方は魚を持って行きなさいという。結構です、大阪までには腐ります、といって宿まで帰ったが、結局宿へまで魚を届けてくれ、これを朝飯のおかずにした。遅い朝飯であった。青い湖を見ていると、その湖を三方の町の方まで船で行って見たくなった。おかみに頼んで船をさがしてもらったが、もう大抵沖へ出たという。仕方ないと諦めていると、六十すぎの老人が行ってやろうといい出した。支度をして靴をはいていると、親方が土地の漁業などについて聞きたいなら話してあげましょうといってやって来て下さった。こういう人は我々民間生活を聞いて歩く者にとっては得難い人であり、またこういう言葉は身にしみて有難かった。しかしもう出かけねばならなかった。昨日この人を知ったのであったら、どんなに良い話が聞けただろう、と思ってみたりした。がやはり思いきって先を急ぐ事にした。また来ましょう、ゆっくりとその折り聞かしてもらいます。と心からいって船に乗った。渚にいた家鴨が驚いて湖に浮いて鳴きながら沖へ出た。老人はトモに腰を下ろしてゆっくりと漕ぎ始めた。渚にはおかみと親方が立っていた。明るい日の下である。船が湖心に出ると、さわやかに風が渡ってきた。

この湖は噴火口であろうといわれている。青々と澄んだ水の下に沈む深い底がそれを物語っている。そして五年に一回か、十年に一回位、急に湖が真っ白に濁り、時には湖心に湯が沸騰する事があるという。するとあの夥しい魚は死んで浮き上がるのである。そういう異変が湖畔の人々に不吉な予感を与えるが、それが大事に至った事はない。このことから思いついて湖岸に温泉場の計画も進んでいるとか。

日向湖と水月湖との間にはトンネルがあって、トンネルの水は日向湖の方へ強い勢いで流れていた。六月の朝風に湖畔のさわやかな光の中の村はトンネルに入ると見えなくなった。そしてすぐ、やや黄味を帯びて、暑苦しい色の水月湖に出た。渚近くには桃や杏の畑があってすばらしい実がなっている。畑の中に男が働いている。物静かな湖畔風景である。この湖は海山でトンネルによって海に連なっており、苧で掘割りによって久々子に通じている。四囲の山は湖畔からすぐ高くなっていて、青垣のように連なっている。船はこの北東の隅をゆるやかに進んで、狭い水道を通った。するとまたやや広い湖面が現れた。菅湖である。湖は一だんと浅くなったらしい。沖は漸く濃くなった。岸の大きな松の上に白鷺がポツネンと一羽眠っている。この湖は風もない。すでに日の光は強く、私たちは何度も汗をぬぐった。

私は船を漕ぐ老人に村の古風について聞いてみた。こういう湖にも幾通りかの漁法があり、それが古風であるのは、この湖畔での生活の古さが思われてなつかしかった。

菅湖から三方湖への間も掘割りがあるが、これはもう半ば埋もれていて、掘割りの両側から茂った木が枝をさしのべ、草もまた船舷に掩いかかる程である。しかしこの下の涼しさは、ほんのしばらくではあったが快いものであった。

三方湖はこの掘割りから島浜まで、深さ三四尺のごく浅いもので、湖面を一面に水草が掩うていた。湖中至る所に粗朶が四角に積んであり、これをヌノミといっている。葉のついたままの木を積むとの事だが、今は枯木になっている、これの周囲を簀でまいてある。こうしておけば、粗朶へエビがつくのだという。大阪の大和川あたりで、シキビの枝を束にしたのを水中に沈め、これに鰻をとまらせてとる漁法があるが、これを思わせるものがある。だがこのヌノミの方は更に悠長であり、春入れた粗朶を秋になってとるのである。一つのヌノミで三斗のエビがとれるという。

水草がいよいよ多くなって船は中々進み難い。時々、湖面に一線を引いていくすばやい魚がある。ボラだという。さすがに三方湖の岸はひらけていて、島浜あたりの田の畔にあるのであろう榛の木の列が濃い緑を見せているのが望まれる。湖畔に川柳の茂る様な風景の美に、遂今し方船出した日向が遠い彼方のように思われてならなかった。

島浜の小さな船着き場に下り立った私たちは、それから田甫道を三方駅の方へ歩いた。

「一円五十銭は高かったが、よかったですね」友はそういって私をかえりみた。今度の旅にカメラを忘れた事は失敗だった。私はフトこう思った。だが湖の印象は心にしみついた、そう思えた。
三方駅のプラットホームに立つと、青田の向こうに、その青田と殆どかわりない様な色をした、見た眼には平凡な小さな三方湖があった。

〔「トピック」六巻一・二号　昭和十四年一月・二月〕

十　越後松ケ崎漁業聞書

一月三日（昭和十三年）小林翁の御世話で阿賀川口の松ヶ崎（北蒲原郡松ヶ崎浜村、現・新潟市北区）を訪れ、漁業について聞いた。僅か一時間程だったので、余り効果をあげる事は出来なかった。この浜についてはすでに本誌（「高志路」）第一巻十一号に小林翁が報じて居られる。ここには出来るだけ重複を避けて書くことにした。

その前にあの日の印象を書いてみたい。新潟という町は信濃川の左岸と右岸とでは表情がすっかり違う。右岸の沼垂《ヌッタリ》は新しい工業都市としての目覚ましい発達を見つつある。この町はずれから松ヶ崎行のバスが出ている。松ヶ崎までの道は実にひどい。両側が木もろくに生えていない砂丘になっていて、道はその間の低地を通っているのだが、到る所に水だまりがあって、名ばかりの道がその中に没している処さえある。それを走るのだから実に凄い。

座席に坐っていた女がすべり落ちて強く頭を打ったのは悲惨であった。このあたりの運転手は心臓が強い。ぬかるみも水溜も平気で揺れ走って行く。物のすべて整っている関西住いの者には面食らう様な風景であったが、それだけに新興の荒削りな力も見られた。もう一つ、新潟が私の印象に強く残ったのはあの天候である。須臾《シュユ》〔忽ち〕にして晴れ須臾にして吹雪となる。吹きまくる風は身体なんか吹きとばしてしまいそうだ。あの風が阿賀川の川原を吹くと積った雪が渦巻いて空に舞う。呼吸さえ出来難いまでになる。その中を人は行き、かつ来る。冬になれば何時もこれだという。阿賀川はイタラで真白になっていた。それをポンポンの渡船が向う岸まで行く。水棹の滴がすぐ凍り、船の中はカチカチになっている。足もとがつるつるして滑りそうで困る。その船をまたガブラせるのである。そうしないと、イタラのために進航がむづかしいのである。イタラとは雪塊が川口に流れ来たものである。川の中程で見ると沖はまっ暗で、吹雪のすごさが思われた。その中を白いものがヒラヒラまうている。鷗だ。こういう世界にでも生きようとすれば生きられるのだろう。否ここよりももっと困難な世界もある。南から来た者にはいい教訓であった。南北朝の昔、伊予の土居得能の一族が、新田義貞に従って北陸に赴かんとして木芽峠での悲惨な敗北と凍死に逢うた事は今おもうても心を暗うするが、要するに冬のいかしさを知らざる者のはからざる遭難であったのだ。

松ヶ崎に上陸して、あの寒々とした町に入った。町は軒下が通れる様にしてある処が多い。これをガンギという。家の中を暗くするが、交通には便である。私たちはそれから裏町をぬけて、湊屋という宿屋を訪れ、土地の故老についてただし、すぐ近くの南氏に漁業の話をきいてみる事にしたのである。突然の訪問と、私が南の人間で言葉の差が甚しい為に、ききかえさねばならぬ事が多く、話者をして思う存分に話していただけなかった。そこに多くのこの聞書の不備もある訳だが、あの旅の記念にまとめ、本誌の埋草にしてもらうことにした。今あの漁村も緑さゆらぐ初夏の候で、川行く船の姿ものどか、川岸の葦も美しいことであろう。

とれる魚

春は鰯が来る。小さいのをコビラ、大きいのをオーバ、またはカカリメともいう。四月から六月に多くとれる。その他ゾーゴがとれる。

夏はアジ、これが六月から八月にかけて来る。

カリコという七八寸の魚が六月からずっと秋まで来る。キスもとれる。イナダは昔は多かったが、今あまりとれぬ。

秋は小さい鰯が多くとれる。ヒシコといっている。

網

(イ)地曳網――一番奥は高六尋、長さ十六尋位のもので袋にはアギ(もどり)がついていない。木綿製の網で大抵新潟から買うが金のあるものは名古屋伊勢大阪方面から買う。皆手紙で注文する。この網にマエアミが片方で百尋以上ついており、更にマエアミに三十ボ(一ボは二十五尺)の綱がついている。マエアミと網との境をサシメという。マエアミは今は木綿の目のあらい網だが、昔は縄網のものがあった。ウキは大体一ボに一つずつオカボダルをつけた。袋にはシリダルをつけた。袋の入口あたりにはダイアバをつけた。縄へいわい(結わい)込みにしてある。この網は松ヶ崎に今十五ある。
(ロ)ナガシ網――八フシの二十番の網で、丈は六百尺ある。やはり一ボヒトボに樽をつけてある。碇を二十尋三十尋位の深さの所でやって網を海に流したもので、サシアミ系のものである。主として鰯をとる。日の暮時に流す。これは鰯が日暮時に浮き上って来るからである。網は十二時から一時頃に曳きあげる。一晩に一遍だけやるので、曳あげるとかえって来る。この網は他処の領分の沖まで行ってやってもよい。網は共同で経営している。

（ハ）テグリ――二人で曳く網で、この網をひく舟をもテグリといった。
（ニ）マスアミ・サケアミ――小さな地曳網で鱒や鮭を川の中の小さな島などでひく。

釣漁

イナダを釣る時は鈎の所へ鳥の毛をつけたものである。イナダの小さいのをシオノコともいう。三四人で釣に出かける。舟は小さい。三四十本もの鈎を海へ入れてひいて行くのである。

下（太夫浜以北）の方には縄船もあった。鯛を釣ったものである。しかしこの浜にはない。

ずっと昔は海に魚も多くて漁がらくであった。鰯も随分多くて、たかる事があった。すると海がそこだけ堆高くなったものである。そういう鰯は船をこぎよせて、タマでいくらでもすくい上げる事が出来た。

地曳網の組織

地曳網の船へは一艘につき八人乗る。舟は撓（櫂）で漕ぐ。トモの梶をとっている者をトモカケという。撓をかく連中が六人いる。これがエーヤラホイエーヤラホイと掛声をかけながら船を漕ぐ。網を海へ入れて行く者があって、ヘナカタという。以上が船方で、この他にオカマワリがいる。その主な者が、魚の来るのを見て指図する。またデヅナを持つ。網は潮上からやるのである。一般のオカマワリは小学校を上ったくらいの者か、または老人が多い。女は通常行かないが、魚を売りに行く女はヒコ（曳子）もした。

地曳はそれぞれ納屋を持っていて、オカマワリや船方はそれぞれの納屋に属していた。こうした網子をカツコともいった。納屋の者（主）をムラギミといった。分配について見ると、ムラギミは曳上げの三ツ半をとった。後をカツコが分配するのだが、トモカケは一人前半、他は皆一人前であった。女は一つの納屋に五人位属して居た。これは魚を売りに行ったものである。ブは一人前もらった。五六里位ある處までザルに肩荷棒でかついで売りに行ったものである。沢山のると新潟あたりから船で買いに来た。これをスケゴまたはイサバといった。所が新潟では売りに来る人のことをスケゴといっている。

十二月近くなるとアゴワカレということをする。共同した者が全部集って食べるのである。しかし海が静かだと、アゴワカレをすましてからでも網をひく事はあった。

勘定は一週間毎で勘定の時は勘定酒を飲んだ。納屋の者だけが集って飲むのである。

大地曳網の組織

この浜には大地曳網もある。この方は地曳網を更に組織的にした様なもので、沖に小屋を建てて、そこに一納屋六十人も人が出ており、女も二十人位交っている。人々はそこで飯を焚き、暮しているので仲々賑かなものであった。サキ網は八十八夜から入梅までの漁で、期間は短かったが、納屋はその間浜の権利を持っていて、その権利内の浜に網を入れたのである。曳子たちは海の荒れる様な日には家へも帰ったが、大抵はその小屋で寝泊りした。

納屋は浜に殆んど同じ間隔をおいて並んでいた。だが隣の浜まで曳きに行く事もあった。これは入漁料を組合から他の浜へ出しているからで、オカマワリの者はついて行った。しかし太夫浜へは出しては居ない。が、太夫浜へも曳きに行く事はある。

網子の契約は正月十一日でこの日の行事を普通に十一日といい、網子は納屋主、即ちムラギミの家へ集って、縄をない、カヒビサなどを作った。また舟の形を縄で作り、おみき、餅をそなえて一同飲んだ。

こうして網子に結ばったものは、漁がなくても、病気の為に出られなくても一人前のブは貰ったものである。

入梅があるとアゴワカレがある。これで春網（サキアミともいう）は終った訳で、すぐ秋網の契約したものである。しかし秋に酒はのまぬ。

村入り

他処者が来て村入りをするには、それが漁業に関係のないものであれば、これという規定もない。だが漁業をやる為の村入りであるとすると、十五円出さねばならなかった。叉村に漁業組合があって、一年に一戸あたり二十五銭から三十銭の割当金を出さねばならぬ。組合はタテアミのバヤクの権利を持っていた。バヤクは曳く権利の様なものである。それを個人に売ると相当の利があって、組合員にはその利益を分けた。

託宣

稲荷さんで太夫（神主）が漁の豊凶を占うことだが、これは第一巻十一号にも見えている。春三月二十五日に行うそうだが、秋にもこの祭があったという。

テント舟

この浜には漁業以外ではテント舟へのった。小さな舟で持っている者もいないものもあったが、持っていないものは舟大工から借りて来た。この舟で岩船郡あたりへ出かけ、タキビ、ナガキ、杉皮、炭などを積んで、新潟あたりへ持って行って売り捌いた。この浜へ持って帰って売ったものもある。

帆と櫓でやったものである。今この浜には一隻もないが、岩船郡あたりにはあるという事である。

後記。小林翁の報告と多少の差がある。これは話者の差によると思う。南氏は六十前後の人であった。聞きたい多くがあったが時間がなかった。太夫浜は古風だといい、岩船郡も調査すべき多くがあるという。また出かけてみたい。だが御地の人々の詳細な御報告を切望して止まぬ。（十三・五・三十一）

〔「高志路」四巻七号　昭和十三年七月十七日〕

〔註〕「高志路」四巻一号（昭和十三年一月十七日発行）の「高志社近事」欄に小林存氏が「一月二日（昭和十三年）近畿民俗学会の宮本常一君が人も恐るる越後の雪見とて来越、市内に二泊されたが、飛驒から越中を経ての採訪の旅で、勿論瀬戸内海の島に生れた同君にはここらの雪の物凄さは流石に意外に見えたらしい。それでも三日に相携へて松ヶ崎を訪ひ南氏から漁業談を二時間程聴き、船を出して実験させて貰はうという元気だったが、それは生命掛けだからと留められやっと取止めた。同君が帰られてからの消息が面白い」と記し。以下の手紙を紹介している。

「雪の越後に、大人を訪ね得た事はまことに感慨深いものがありました。あの吹雪の様なはげしさを持って、どんどん仕事をすすめて行かれる熱情とその実の結ばれて行きつつある様には心をうたれました。

三百五十冊の方言集〔『越後方言考』小林存　高志社　昭和十二年〕がまたたく間に殆ど売れたといふことは東京でも驚異の様に言ってゐました。

大人にお別れして、東京へ出る間を、美しい雪風景に見とれながら、方言考をあけたりしめたりしました。どこをひらいて見てもなつかしい気がしました。見て来たばかりの越後の感覚を書中いたる所に見出しました。

吹雪する阿賀川をわたった印象は南に住む私には生涯のものとなる強烈なものでした。それに似た気魄も書中に見付けました。ほめるばかりが能ではないのでせうが、とに角この書物は雑誌に連載した日よんだよりはるかに深い興を私の心によびおこしてくれました。

而もただ通りすがり見ただけでも越後は尚かかる書物を幾冊か編むだけの生活を持った土地の様に思はれます。そしてそれは近頃錦地に澎湃として起こってゐる郷土研究熱と相待って是非とも拾ひあげられ整理さるべき性質のものであると思ひます。而して之が中心はたえず大人にあるのではないかと思ひます。全体としてこの学問は次の若き人々に引きつぐ日が来てゐるかも分らない。さうするのが正しい事でもあるでせうが、越後では尚、多くの古い伝承の中に生き、且つその感覚をわきまへてゐる人々に、この採集整理を担任してもらへる程、好条件が備つてゐる様に思ひます。どうぞ御精進の程を願ひあげます。

末筆ながら御夫人様によろしく」

十一　東北雪の旅日記

昭和十三年十二月二十五日　私の無いもの尽くしの第一を承るものが、閑と金。その閑が、今年は珍しく冬休みを、ずっと宿直して下さる先生があって、思いがけず二週間、自分の自由になる時間が出来た。これほどまとまった日というものはこの近頃ない。

これでお金の方は誠に乏しいボーナスがある。勤めている家内のを併せて、まあ一週間は旅が出来よう。ところが民俗学の先輩から播磨から、因幡の方へ出る旅をしないかとの便りをいただいた。これは四日の旅である。二週間もあるのに四日では中途半端だと思って迷っていると、芦田老師〔芦田恵之助〕からお歳暮とて、お金が届いた。その夜私の頭には旅の美しい夢が、雲の如く湧いた。

十二月二十六日　戦没勇士の葬儀準備で一日暮れて学校から帰ったが、学校にいる間にやっと心をきめた。

東北へ行こう。二十八日から九日にかけて霊山《リョウゼン》の麓で講習がある。これへ出かけ、それから岩手あたりまで歩いて来る。そんな計画をたて、校長先生から許可もいただいた。

家へかえると、妻にこれから出かけると話す。妻は私のこうした事にはなれているので、すぐ支度をしてくれる。着のみ着のままで鞄一つの旅だ、東北は寒かろうが、よもこごえ死にすることもあるまいとて妻と大阪へ出た。

まず地図を求めねばならぬので、阪急百貨店にて所要のものを買う。気がつくとカメラを忘れている。これを忘れては大変だ。早速家まで妻にとりにかえらせる。その間に私は食堂で夕食をすまし、手紙を書いた。

先輩へ電話をかけると見送りに行こうといわれる。来られては恐縮なので、妻の来るのを待ってお伺いする。するとどうしても見送るとて、途中まで来て下さる。別れしなに車中で読みたまえとて封書を出された。時間がせまっているので、ポケットにねじ込んで、駅にかけつけると九時四十分。十時の急行に乗ろうと思っていたのが、九時五十分に臨時列車のある事を知った。あわててこれに乗り込んだ。連日の睡眠不足と、汽車の空いているのとで、横になってすぐ寝てしまう。


十二月二十七日　目がさめると沼津である。あたりは未だ明けてはいない。私はまず何よりも富士が見たかった。富士を最初に見たのは大正十五年であった。大井川の鉄橋を渡る時に見つけて、大船近くまで、私は殆どこの山から目をはなさなかった。私は自然に対しては不思議な愛着を覚える。どうにもならぬ程疲れて、早退をした日にも晴れた空の下にくっきりした山を見ると、熱も疲労も感じなくなって、その山に向かって二里も三里も歩いた事がある。

一度は死線にまで立った私が、再び健康になれたのも、一つにはこの自然を恋うる心があったからである。だから、そして又、私の慕う自然の中、富士は最も美しきものであったから。まず見たかったのである。

沼津を出て少し行くと、愛鷹《アシタカ》の上の薄明に、富士は黙然と白かった。「吉」、私は心の中でいって見た。富士が晴れていればその旅は吉、曇っていれば平凡と、私は勝手にきめて、この山で占いをするのを常としていた。

気がついて先輩の封書を封切って見ると手紙ではなくて白紙とお金が入っていた。白紙の気持ちで使えというのであろうと読みとって、ついでに雪白き秋田の方をまわる事に決めた。

辻占はすべて吉ばかりである。丹那トンネルを出ると、青黒く光る相模洋の彼方の空が真っ赤だ。そしてすばらしい太陽の誕生だ。こんなすばらしい旅があるものか。私は車中で妻にたよりを書いた。

相模大山の連峰に映ゆる旭光、相模野の霜、家々は朝餉の煙をあげて、一日の営みが初まろうとしている。小田原、大船、横浜と汽車は驀進する。富士は常に左の車窓にある。「常に思っている事は何時か叶えられる」「心を起こそうと思わば先ず身を起こせ」「試みる事は悟る事だ」。書物の中からこんな言葉を見つけて、自らの身にあてはめるようになってから、私は希望と力を得た。貧しい身に、殊に妻や子が出来て東北へ旅をするという事は、考えられなかった。しかし私は第一の言葉を信じてひたすら時を待った。そして今その時を持つ事が出来たのである。恐らく東北へはこれが初めの終わりの旅であろうと思ってみた。

品川で汽車を電車に乗りかえて、田町で下車、それから三田の渋沢邸へお伺いする。渋沢敬三先生は、故栄一子爵の直系。故子爵は明治大正財界の父として、資本主義的経済機構を今日の如くにまで築かれた人である。渋沢先生はその御孫、民俗学開発のために、最も大なるかくれたる貢献をしておられる。偶然の事から早く知遇を得、その研究所には親友もいる事とて、ここへ行けば東北の旅の計画は樹つと思ったのである。

朝の研究所に未だ出勤している者はなかったので、取りあえず先生のお目にかかる。先生はまた老師の教え子である。私には誠に機縁で、ここへお伺いすれば必ず老師のお噂をする。この度もまた大変喜ばれ、色々お話を承った。そしてついでにアチックミューゼアムの出張員ということにしていただく。

やがて親友の皆さんに計画を樹てて頂いて、旅心も定まった。それから海軍に叔父〔母の弟升田仁助〕を訪うて敬意を表し、二重橋に至り宮城を拝す。これは東京へ出ての一行事。

その夜のおそい汽車で上野から福島に向かった。

十二月二十八日　福島へついたのは朝早かった。駅も町も雪で白く埋もれている。ここから掛田行の一番電車に乗る。ボツボツ寒さが身にしみて来る。電車は阿武隈川を渡り保原から掛田へ。そこから中村行のバスが出ているので、待っていると、すぐ来た。石田〔現・伊達市霊山町石田〕は掛田から一里ばかりの地である。掛田を出る頃から重い空は雪になって、霏々たる牡丹雪だ。

学校へついてまず芦田老師にお目にかかる。老師驚き且つ喜んで下さる。ただそれだけでも来た甲斐があった。老師は私にとって光明であり、指標である。いったい私ほど杞憂癖の多い人間は多くはいないのではあるまいかと思っている。感傷に甘え、感傷に溺れ、また事毎に煩悶した。時に死を想うたことも多かった。それが僅かの機縁から老師の御教えを頂くようになって、私の心は明るくなった。老師にお逢いし老師の教壇を拝見すれば煩悶は消えた。また煩悶を老師に打ち明ける気もなかった。そんなものはみんな自分の手で処理しなければ、処理のしようはないのである。如何なる生活にも甘んじ得る気持の出来たのも老師に見《マミ》えてからの事である。

私は少なくも同志同行の仲間から言えば、異端に近い一人である。国語教壇については諸兄姉のように努力はしていない。静座もしていない。私の字は老師には似ても似つかない。恐らくは師の光の一番端にいる者であろうと思っている。だがただ一つ、師の読方の御態度は私の学問の上においても、そのまま生きた。私は民俗学を志すものであるが、民俗学は、或いは郷土学と解していただいても差支えなかろう。郷土学は郷土史学ではない。郷土の古文書を調べる記録学的なものではない。郷土に生きる人々の生活の姿、伝承の姿、想念の姿を見て行こうというのである。そしてその生活や伝承が、何を象徴しているかを読もうとするものである。これが分からねば、日本の真の姿は本当には分からないと考えている。或いは観念としては分かっているだろう。だが客観的な事実としては、誠に曖昧なものがある。かくて郷土人の生活の象徴する所を読むという事は、国語読本を読む事と何ら変りはないといってよい。こういう自覚の持てたのも師のおかげを蒙ることが頗る多い。同時に私はこのすぐれたる選ばれたる七千の同志に、自らの周囲の生活を正しく読んで頂きたいと念願するものである。

東北のしかも霊山《リョウゼン》下にて老師にお目見えするという事は私には大きな喜びであった。

霏々たる雪の中で朝会は行われた。児童は粛然として立ち、老師の言々は若き者の肺腑を貫いた。老師はすでに六十六歳を卒《オ》えようとしておられる高齢であるが、然もなおその御老軀を駆っての全国行脚の真意は奈辺にあるか。憂国の情を単なる恩情と解して、これに甘えている我々は、自らの足を以てしっかりと大地に立て、然らずんば人も国も育たないぞ、といっておいでのように思われた。

教授は老師の「ネヅミノヨメイリ」から初められた。私は講堂のずっと後の方で拝見していた。ここの子供たちは、すでに東北弁の圏内にいて、その標準語の発音には極めて困難を覚えているようであった。

しかし、ひたぶるなものがあった。晴の日を立派に勤めおおせようとする様な気魄《キハク》が見えた。

この日老師の「修行者と羅刹」、鈴木佑治先生の「たこ」、「久田船長」の御取扱があった。しかして愉快なる現象は、一、三、五、六年と取扱われて、読まされたる者で、読めざる一人のなかったことである。子を負うて席に連なった女の子の姿は特に心をうった。子をあやしつつ師のお言葉を聞こうとする魂に、今日の日が如何に美しく深い印象を残す事であろう。かくして人は育つのである。汝の貧しきをなげくなかれ。ひたぶるに真実ならんとする者こそ、何人よりも善言を聞き、見事を見うる者である。私はこの子供たちに強い愛着を覚えた。

二時間目老師は私を招かれて、寒そうじゃ、ストーブの側へ来いとおっしゃられた。少し席が高すぎるので、と申すと、私設視学のつもりで……と仰せられる。余程寒そうな顔をしていたらしい。事実、手足はきるような寒さを覚えていたのである。お言葉に甘えてストーブの側へ行く。そこからは子供の顔もよく見える。私は子供の目をじっと見つめていた。そのかがやける瞳、それは子供の心そのものである。若き時代の子の瞳である。私はかって仏像を見る事を好み、暇さえあれば京阪、大和の寺々に古仏像を拝んで歩いた事がある。あの中で心をうたれた一つに法隆寺五重塔の下の塑像がある。塑像とは土をつくねて造った像の事である。四面それぞれに異なった群像があるのであるが、その一面に、維摩《ユイマ》居士と文殊の問答の場面がある。これは維摩経をよんでみるとよく分かるのだが、維摩が病気を粧《ヨソオ》うて見舞いに来てくれる者を一々やっつける。最後に聖者文殊が行くのであるが、その場面である。その侍者童子の表情は蓋し最も好ましき童心をあらわしている。石田の子供たちの表情はまさにこの童子と同一である。あの塑像は今から千二百年前、若い日本が大いに伸びつつあった頃生まれたものである。一塊の土は、そのままでは何の感激も生み出すものではないが、若き世代の息吹を感ぜし真実なる魂にふれて、その魂をやどせば、千二百年を経てなおその若きかがやきを持つ。道を行き、校庭に遊ぶ子供たちは、そのまま、その土に生じた苔を思わしめるが、一度真実なるものに接して火を発すれば、そはまた崇高そのものの世界である。

だがしかし、かくまでに子供たちの心をひらき、真実を喜ぶ者たらしめたには、そこにかくされたる苦心がなくてはならぬ。竹内校長の言はまた心をついた。竹内先生がここに校長として赴任されたのは、一年四ヶ月以前であったという。当時ここの子供たちは書物を持ってくる者三分一程に過ぎなかったという。田舎なれば、それが看過されたとも言えよう。蓋し三十年の長年月を塩沢校に立てこもって、自らの理想実現に邁進した校長先生として、この現実はあまりにも惨めであると思われた事であろう。それをまず、書物を持ってこさせるようにし、表紙なき者には表紙をつけてやり、学習気分喚起にまで要された努力は実に大したものであったと思う。これに加うるに鈴木佑治先生の月一回、東京よりの遠征にはただ頭が下がる。東京からここまではどうしても八時間はかかる。それを土曜日の午後に出かけて日曜教え、その夜はもう東京の人になっていなければならないのである。欲や得で出来る仕事ではない。校長の熱意、鈴木先生の奉仕的精神、職員の和。これが遂に読めざる者を十分の一にまで追いつめた。かくて老師を迎えても非礼ではあるまいとて、かつは北畠顕家卿六百年祭奉賛の意味で、今回の挙となったのである。聞けば村政に多少憂うる所ありしとの事であったが、かかる熱意は村民をも動かしたのであろう。村の有志多数の参観があった。

ご教授の内容について詳しく書けばよいが、会の空気に触れた事のある方には、すでにその要もあるまい。殊にここでの教案は「同志同行」一月号にも載せられているから。

その夜の教育祭は全く歓喜の爆発であった。酒に強い東北人に交って私もいささか参らされた。夜が更けて二人三人ずつ、そこここに集うて、教育の苦労話に花が咲き、花がしおれた。愚痴も出れば不平も出た。だが要するにやらねばならぬとの心はお互いは深くしたのであった。

引っ張って布団に寒き笑い哉

寒い夜を薄い布団にくるまって寝た。何時までも子供の様な笑い声が洩れていた。

十二月二十九日　朝は冷たかった。否痛かった。何時までも床の中にいたい気持であった。予定には朝静座がある事になっていたが、老師教案を書かれる都合にて中止になった。私はやっと日の照り初めた運動場に出て、子供たちの遊びを見ていた。女の子たちは尻とり鬼をして遊んでいた。和服の子供は一様にモンペをはいていた。ダルマ帽子というのをかぶっている男の子もいた。子供たちから、何か聞いて見ようとしたが、言葉が私には大半分からなかった。言葉は語勢で聞くもので、語勢が分かれば語尾など少々分からなくても、判断つくものだが、語勢になれぬ私には語尾が殆ど分からない。言葉の意味は語尾が決定するものだ。それだけに私は、分からぬままに笑ってうなずかねばならぬことが多かった。この地の生活についても触れてみたかったが、あきらめる事にした。そして二三枚あたりの写真をとってみた。

ここへ来てすぐ目にとまったのは子供の服装であった。興を覚えたので一寸書き留めてみた。ご参考までに左に表を掲げてみよう。

	一年		四年		五年		六年		計
	男	女	男	女	男	女	男	女	
洋服	九	…	一四	一	一七	二	一七	一	六一
縞物	九	一三	七	一〇	一九	二〇	一五	一七	一一〇
絣	三	…	三	…	二	…	…	…	八
模様	二	一二	…	八	…	九	…	一一	三九

二、三年生と高等科生を落としたのは残念であるが、こうした処にも文化浸透の姿は見られる。縞というのは棒縞が多い。洋服は五六年生のものはコール天が多かった。大阪を中心とした近在では、子供で和服の者は一人か二人しか見あたらぬ。それに男女とも暖かい毛糸ものを上着とするかまたは下に着ている。だがここではそういうものはごく稀であった。縞物などは手織りかと思って聞いてみると、掛田の町で買うて来るとの事であったが、今日といえども都市と僻村では、単に服装の上だけにおいても、この差があるのである。すべてにその差のある事を認めねばなるまい。しかしてこの事実が、あらゆる上に見えているように私には思えた。文化の差とは、単に文化の進んでいるとか後れているとかいう問題ではない。文化の複合が多いか少ないかを意味するのである。（これについては他日委《クワ》しくのべて見たい）こういう地にあっ

て、悪い刺激の流入があれば、それは救い難い気風を作るものである。しかるに、竹内先生以下の諸先生によって築かれつつある教育は、若い芽に対する光のようなものである。芽はただ光に向かってのみ伸びる性質を有する。恐らくは若い芽たちは光に向かってすばらしい成長を見せ、若木となり、花をつけ、美わしき実を結ぶことであろう。

さてこの日は、鈴木先生の「扇の的」、「久田船長」、老師の「修行者と羅刹」、「賢母の教」の御取扱いがあった。久田船長のあの遭難を説く鈴木先生は当に東北人の典型であった。私のよくいう米の飯の授業であった。米はこれという特殊の味のあるものではない。だが、百年食うても飽きの来ないものである。恐らく生徒をして腹一杯にさせた事であろう。寂たる中に、私は先生の声と、裏の藪の笹の葉をすべり落ちる昨日の雪の音を聞いた。老師の「修行者と羅刹」は至道、至芸。「賢母の教」に至っては児童遂に自らの声に泣いて読むを得ず。感極まった一風景であった。

この事実の故に老師は寒暑困苦をいとい給わず、芭蕉の所謂「この一道につながって」って道興隆に殉ぜんとしておらるるのであろう。老師の言葉の迫力は実に、この育てば育つ事実の確認より生じたる以外に何物もないと思惟する。

会終わって、私は霊山を見たく学校の後ろの丘に登った。晴れたる夕空に、奇岩重畳する一群が、寂然として聳えていた。京師より来たった若き将軍北畠顕家はここを根城として、よく朝廷の御為に苦闘せられたのである。いわばあの少年将軍の運命の様な山容に対し、私は雪の中に長い間佇立していた。夜はまた学校でとめていただいた。今夜は客も少なく布団も厚かった。

十二月三十日　老師から青森の方まで行くなら、田子《タッコ》〔青森県三戸郡田子〕の井口先生にあって見ないか、紹介状を書こうとのお言葉をいただき、さらに扇田〔現・大館市扇田〕の田中先生への紹介状もいただいた。

さて最初の予定では、岩手から秋田の方へ廻ろうと思っていたのだが、私の一番行ってみたいのは岩手の九戸郡あたり。しかし福島でも相当言葉に不便を感ずるので、これから真っ直ぐに行っても効果は少なかろう。秋田をまわって言葉に慣れ、それから九戸へ行くのが利だと考えて、俄に変更、秋田の方へまず行く事にきめた。

学校で一泊した仲間は、老師のお供をして今日霊山神社へ参るというので、車の来るまでを老師から静座の指導をいただいて、八時のバスに乗った。

このあたりはカブト屋根の家が多く、如何にも美しい。軒に干し柿の吊してあるのもなつかしい。

石田から神社へは約三里あろう。車中で色々の話が出る。「一年は四季、学校は三学期、老師の大会は二回。如何でしょう」と誰方かがいう。「四月の初め、田子への途中をお寄り下さる事になりました」とまた誰かの声、後は狂喜する声。鈴木先生「子供の綴り方をよみましてね。参りましたよ。……私の組には本の読めない人が二三人ある。その人たちが研究会の日に本が読めなかったらどうしようと思って、夜もろくに眠られなかった。ところが、よく読んでくれたので嬉しかった、というのがありました。純ですね。また……そらで読む時先生は二度もウソを読まれたが、私たちは一生懸命に勉強していたので一つも間違えずに読みました。というのがありました。」と、しんみり。

自動車は裏参道の石段の下にとまった。一同は高い石段をのぼりにかかった。甚だ急である。登るにつれて視野が開ける。老師はさすがに休みやすみ登られる。そして後れてしまわれた。私は胸が一杯になって来た。お元気と申してもお年である。どうにも先生のお先に登る事が出来なかった。同時に私は老師の尊い老を思うた。師ほど尊い老いを持たれた方が幾人あろうか。この老いには道のために殉ぜんとせらるる尊さと、殉ぜんがために自らをいたわり給う尊さが含まれている。かくて健康に老い給うたのである。これを我々疎かに申してよいものであろうかと思うた。

段を登りきると社務所がある。拝殿は今改築中で仮社殿が出来ている。我々は社務所でオーバをぬいで社殿の方へ歩いた。大地は固く凍り、冷たさが身にしみた。神前に並びこのたびの大会の報告を終って、御神酒をいただいた。我々はただ遠く来ているとの理由のみから、立派な御供物もいただいた。社前に傷痍軍人がおられて、大阪の者だというと、懐かしそうに私も大阪の方に勤めていました、とて話しかけられた。ゆっくりお話も承りたかったが、汽車の都合もあり、別れをつげて社務所に来たが、ここでも署名する間もないので名刺を出した。すると住所を見た若い神官があの大鳥神社のある所の方ですか、という。まさにその通りである。懐かしそうにしておられたが、話す間もなかった。何でもないつながりが、我々の間には無数にある。そういうものがどれ程、旅を気安くしている事であろう。長き伝統と平和がこれを作り出したのである。何となく明るい気持である。

山を下りてバスに乗る。そうして福島へ驀進する。明るい日がさんさんと照って、冬ながら暖かさが蘇ったようだ。

駅へついてから時間を見れば、相当余裕があった。その上汽車は何れも延着とある。老師は東京へ、大阪から来た大塚君たちは雪の松島を見るために北へ、私は板谷峠を越えようというのである。北から構内へ入りくる汽車は真白に化粧していた。多くの氷柱を車輪のあたりに下げているのも強い冷たさを思わせた。まず老師の汽車が出、ついで北行きの汽車が出た。そうして私は奥羽本線の列車に身を託した。

このたびの旅には、私は雪が少なければ多くを見たいものであると思っていた。山形の立石寺、横手盆地に住む知人、角館に住む民俗学の先輩、婦人の友の会が経営する生保内田山のセツルメント、山村生活更正指導にあたっておられる人々、平泉の中尊寺、そんな事が頭の中を去来していた。それらは然し全部断念するほか無かった。雪と寒さが大きく旅を阻んでいる事を知ったので。

汽車は庭坂から奥羽山脈にかかる。福島の盆地の仄青く煙る彼方に、霊山が厳然として立っている。雪は漸く深くなって来た。いくつものトンネルを抜けて板谷についた。ここから程遠くない所に、五色温泉がある。スキーヤー達が、その五色温泉の方から下りてくるのが見える。ここのあたりから、スキーを持った人が多く乗りはじめる。雪は五尺は積もっていよう。斉藤博士の『東北の細道に立つ』（斉藤清衛　春陽堂　昭和十年）を読んでいるとうつらうつらして来た。

米沢から二人の紳士が乗った。二人とも音楽の事はきわめて委しい人である。どういう人であろうかと思っていると、もとキネマ館の音楽をやっていたらしい。それがトーキーになって一人はやめて毛糸屋をはじめた。多少息をつけるようになったと思ったら、今度の戦争でまた統制々々と、到底たち行かぬので転職をせまられているというのである。自分から進んで転職するのならいざ知らず、御時世のためにこういう目に逢う事は恐らく口に言えぬ苦痛であろう。一人の方はこのあたりで、今は活動写真館を経営しているらしい。これも観客がめっきり減ったとの事である。私は聞くともなく耳をかたむけていた。やがてその館主の方から私へ言葉が来た。大阪の者だと答えると、雪でお困りでしょうとて、土地の様子などボツボツ話して下さった。景気不景気の一番敏感に響く商売をしていますだけに、世の中がよく分かりますとて、若い日北海道あたりまで流れていった事や、近頃の出稼ぎの多い事など、問わず語りに話していく。私には、そのどの話も興が深かった。この人も今はまず功成っているのであろう。神町で下車する時、東北の生活もよく見てやって下さいといった。私を何と見たのであろうか。何れにもせよ、人の挨拶振りも変わってきたものである。同時に無告の民の言葉を聞いて欲しいという事が、いわば地方指導者の心の中でもあるのだろう。

『東北の細道に立つ』は斉藤清衛博士が下駄履で、東京から下北半島までを歩かれた記録で、半ば芭蕉の奥の細道の後を巡って行かれたものである。かってこれを愛読し、このたびの旅にもこの一書だけは持ってきたのである。私は、話し相手がなくなると、それに読み耽った。多くの時が過ぎていった。そうして秋田駅についたのは、十時を大分まわっていた。夜はシンとしていた。ここへ下りたのは平田大人の墓に参りたい心からであったが、せめて北国に栄えたこの町の様子も見ておきたいと思って、私はただあてもなく歩きまわってみた。城址の濠に氷は厚いらしく、夜半というに子供たちがスケートをしていた。駅前に引返したのは十二時近かった。宿屋の障子をあけると未だ起きていて、列車が遅れていますので、もう少し起きていますとの事だった。

寝ようと思っていると、すみませんが団体客があるので間を替わってくれないかと女中がいってきた。

私はそこで間を替わった。客というのは兵隊であった。朝鮮の国境付近に警備に行っている者らしい口ぶりである。たった五日の賜暇を利用して、戻ってきたのだが列車延着で夜のうちに家に帰れなくなった。家というのは仙北郡で、ここからは近いのだが汽車がない。今夜の中に帰れば今夜一晩とまれるのだが、ここで寝たのでは、明日は親の顔を見ただけですぐ引返さなければならぬ、と話している。強い訛りで殆ど分からないのだが、ジット耳をすましていると、胸の熱くなる様な事ばかりである。上がってくる女中をとらえて「ここにいて話を聞いて下さい。私たち本当に郷里《クニ》の言葉で郷里《クニ》の人に話したくて仕方がないのです」といっている。こんな言葉のために、どんなに損をしているか分かりません。朝鮮へ行くとき、神戸の港で泊めてもらった家の人が東北の人はよいが、言葉が分からなくて、といっていました。しかし、我々は泊まった家とは今も通信して親しくしています。という様なことも話していた。討伐の話、慰問文の話、戦死した友の話、今度親の顔を見ておいたら、もう思い残すことはない、という様なことも話していた。私は何時か眠ってしまった。

十二月三十一日　明くればひどい吹雪だった。兵隊たちは何時出て行ったのかひっそりしていた。私は朝食をすまして、女中に平田篤胤大人の墓をきいた。女中は知らなかった。詣でる人も少ないのであろうか。やっと主人の話で鉱山専門学校の裏山にあることを知った。〔平田篤胤墓＝秋田市手形字大沢〕吹雪の中を私は鉱山専門学校の方へ歩いた。時々風が息づまる程烈しく吹いて、一間先も見えなくなった。学校の前は吹きだまりが出来て全く歩けない。僅かの道程を三十分もかけたであろうか。恐らくは近日参拝した人もないのであろう。深い雪をふんでその墓前にぬかづいた。国学四大人の一とよばれる大人の墓は、相当立派なものであろうと想像したのに、自然石の小さいお墓であった。伊勢の本居大人、浜松の加茂大人の遺跡を思い較べて、何か侘びしまれた。四大人のうち、この大人程熱烈なる人はなかった。その著書は、学者としてよりも、この国の民としての叫びが見える。丁度、今日の吹雪の様な烈しさを持った。——それにしてはあまりにお粗末のように思えた。

駅へかえると青森行きの列車は間もなく来る時間だった。風はいよいよはげしくなった。午前九時五十五分、汽車に乗った。秋田から土崎に至るまでは、多くの油井櫓を見かけたが、吹雪がすぐそれを消した。

大久保を出ると八郎潟が見え、寒風山が見える筈である。だがしかし、この吹雪では駄目とあきらめるほかなかった。

寒風山の麓には吉田三郎氏という農民がいた。『寒風山麓農民手記』、『寒風山麓農民日録』というよい書物を世に送っている。〔『男鹿寒風山麓農民手記』吉田三郎　アチックミューゼアム　昭和十年三月・『男鹿寒風山麓農民日録』吉田三郎　アチックミューゼアム　昭和十三年五月〕

前者の序文を読んだ時、私は心をうたれた。

私の知り得ないことを知って書く為には、一夜村に出て老人の話を聴き、次の夜はそれを書き、又一夜村に出て母の話を聴き、次の夜は又それを書くと言った調子でした。蛍の光の様な三分芯のランプの下で、インキをペンにつけるとインキは見る間に凍り、手も冷えて自由を失ひ、ために絶えず自分の口から出る息をふきかけふきかけして幾分でもインキと手を温め、又炉で割木を焚くその煙にむせび乍ら、何うやらかうやら書いたのはこの一篇です。その間風邪を惹起した事四回です。という一節がそれである。「私の書く手が凍れば温まるまで、時に代書してくれた妻等に感謝を捧げます」という著者の姿が、私には又なく懐かしいものであった。

農民日録の方は一年間の詳細な日記である。金銭出納から三度三度の食事まで、こまごまと書きつけた一冊に、私は徹夜して読み耽ったことがある。しかして篤農のこの人にして、なお一年の生計は赤字であった。ここに考えざるべからざる問題があると思った。物のはしに書いてあったこの人の生活を語る一節を、もう一つ左に書いてみよう。

「畑に来ては駄目だど、黙って家の中で遊んで居れ、若し畑に来て俺ら仕事ざまになれば縄で木にぶつちばつて置くど」とやや声を大きくして、然も叱るようにして言ひふくめて、幼い二人の子供を家の中に残して、妻と二人で畑仕事を初めるのだが、併し気のきいた玩具も又不味い菓子の一つも買ってやれない私共であつた。子供達はあのせまくるしい家の中で何遊び事があらう。すぐ家から出て自分の足下に注意しながら、とぼとぼと坂道を登つたり下つたりして私共の処に来る。そして乳を呑むと言っては泣き出し一寸ころんでは泣き、大きい子供は何の考もなく畑の上を踏み歩き、又は作物を抜き取るといふ風に全く仕事は出来ないのだ。

だから私は「この奴郎共また邪魔なね来たが、仕事も糞も出来ね」といふなり二人の子供を両腋に抱えて行つて家の中に入れ、外から錠をかけておき、そして、ゆつくり仕事をするのである。二人の子供はありつたけの声で叫びます。

私の家を知るお方は思ひ出されませうが、あの山と山の中の沢にある家です。泣き声が全く二重四重の拡声となってひゞきますもの、妻は手を休めずに仕事はしてゐるものの、何か力気がなく、そして何処かに憂鬱さがある。こんな男と結婚して不幸であつたとでも思つてゐるのか、母があんな男と連れ添はずに早く帰れと言つた時帰ればよかつたとでも思つてゐるか知らと、嫌にひがみ根性を起したのであつた。小道を通る人達は「あら三郎いの子供山割れる程泣いでゐら、んんおどつらねで」とささやき合つて行くのである。

やがて泣き声が止みて、日は寒風山に落ち……（中略）ほつと思ひ出したやうに仕事の手を止めて家に帰り、戸を開けて見れば、一人は机の下に頭をさし込み伏して眠り、一人は北側の窓の下に横になつて眠り、何れも足や手や頭には定まつて一二匹の蚊が心よげに、小さき哀れな者の血を吸つてゐるのである。妻は黙つて子供等の蚊を払いのけかやを吊して、その中にそっと寝かして夕飯の仕度をするのである。

かかる生活はこの人だけではない。総じて日本中小農者の姿である。かって生活派綴方盛んなりし頃、我々の心をうった作品は東北に多かった。それは子供として、波荒い世を生き抜こうとする姿であった。宮城の仲間、今いずこ、秋田の仲間今いずこ、独り山形の国分一太郎氏の精進が、関西の我々の眼にも入る。派とか主義とかを越えて、ひたすらに精進する者に対しては、お互い尊敬してよいのではないかと思う。筆がそれたが、私はまた篤農吉田氏に頭を垂れる者である。そう言えば、たしかこの県は石川理紀之助翁を生んでいたと思う。日があれば、時があれば、そうした心に浮かぶ人々を訪ねてみたい。せめて、寒風山だけでもその姿を見たかった。しかし吹雪は相変わらずはげしかった。

一日市を出ると急に明るくなるように思った。そうして窓外に舞う雪が少なくなった。晴れるのかと思って硝子越しに見ると、雪原の彼方に更に雪原、それはまがうかたなき八郎潟の雪に埋もれた姿である。そして低い、しかし形のよい山が尾をひいてその上に横たわった。日が燦然として映えた。まさしく寒風山である。私はこの山の映像を心にやきつけた。五分もたったであろうか、また恐ろしい吹雪が来た。

汽車は機織から米代川に沿うて遡る。沿岸には雪に埋もれた淋しい村が続き、米代川は風に青黒く光っていた。大館は鉄道が米代川に別れて津軽の方へ出ようとする所に出来た町である。ここで汽車を乗りかえて扇田に向かう。雪が来てはまた晴れた。扇田についたのは午後一時半すぎであった。

直ちに小学校を訪う。幸校長先生はおいでになった。来意を告げ、老師からの紹介状を出し、まずストーブのそばに腰を下ろした。田中先生は、汽車の中で想像してきた姿と殆ど同様であった。ただ想像よりお若かった。

扇田は米代川に臨み、遡江終点として栄えた川港であった。鉄道敷設以来大館にその繁栄を奪われたが、それでもなお人口五千余の町である。小学校はこの町のほぼ中央にある。田中先生着任以来、日浅きにかかわらず、着々として実績を上げられつつある。十三年六月の大会には老師、垣内先生、井上先生を迎えて集う者七百、稀に見る盛会であったと承る。秋再び老師を迎えての教壇修養会は、父兄の参観を主としたもので、頗る趣を異にしたようであった。かくて学校が父兄と結び、町と密接ならんとしつつあるのである。ここにもすぐれたる和が生まれようとしている。

ストーブのそばで、暖かで何かとりとめもなく話を承る。一つにはこの地の習俗等も聞きたいし、古老にも逢うて見たいと思ったが、言葉のことで躊躇する心が起こる。

夕方まで学校にいて、先生のお宅へ案内していただく。雪は町を白く埋めつくして、日がおちても薄明である。

炉のそばに招ぜられて、また一きわ話がはずみ、奥さんの心づくしの夕飯を頂いた。飲めぬ酒がかなり過ぎた。話は我が田に水を引いて、この辺りの習俗を出来るだけ聞いて見るようにした。現時日本の習俗には、中央にはなくて、北と南の端に甚だ類似したものが多いという現象があり、これは恐らく文化の伝播が波紋の様な広がりを持ったものであろうという事を、蝸牛方言を一つの手がかりとして、見てゆかれた柳田國男先生の『蝸牛考』（柳田國男　刀工書院　昭和五年）以来、斯学の学徒の常に考えていることである。東北へ来たことも、本を読んで知っただけでなく、歩いて見聞したいという事が一つはあった。

扇田町を中心にしての習俗は、早く「民俗学」という雑誌に出た事もある。しかし、それは軽く読みすごした。やって来て、見て初めて東北についての書物も読み得る下地が出来たように思った。校長先生は不躾な質問に一々答えて下され、不分明なところは母堂にただして下さった。

こうした我儘な話の中へ教育がとび出した。町民の教育についての認識を深める問題、書き方教育についての御意見など、私には啓発せらるる事が多かった。十和田の話から、老師があの一文を教科書に書かれる経緯も出た。

昭和十三年はかくて、本州の北端に近い扇田の町で田中先生と清談の中に送られていった。

昭和十四年一月一日　目がさめて、先生のご案内で風呂に行った。着物をぬぐと肌がさす様に冷たい。すすぎの水に氷がはっている。それでもあたたまって、出ると寒もまた快かった。朝食を終えてお伴をして、学校の拝賀式に参列する。未だ旧暦の盛んな所で、町に正月の気分もしない。ただ子供だけは晴着で学校に集まって来る。こんな事にも大きな問題があるのではないかと思う。

明治五年に新暦が用いられる事になって七十年。〔旧暦の明治五年十二月三日を明治六年一月一日とする〕今新暦と旧暦を行っている範囲を地図の上にのせてみたらどんな事になるであろうか。恐らくは地域の上から見れば旧暦の方が広いのではあるまいか。学校が旧暦の旧弊を説いても、政治がこれを圧迫しても依然としてまだ行われているのである。大阪のような大都市の周囲でさえ、百姓専門の所ではすべて旧である。生活の垢のついたものは捨てようとしても容易に捨てられるものでもない。それには相当の理由があり、ただ盲目的に古いものを奉じてのみいるのではないと思う。あの寒い折りを一年の替り目にする風習なども、支那暦の影響にもよろうが、一つは生活が生んだ姿であったに相違ない。たとえば正月は恐らく耕種と関係していると思うのである。日本人が米を作る事を覚えて、習いとった暦ではないかと思う。米は東南アジアの原産であり、暖かい彼の地ではその播種期はすべて冬期の様である。一年の折目はこうして定まったものと思われるのである。日本へ来て冬籾を蒔くことは出来なくても、この折目の日の行事だけは忘れられなかったらしく、全国各地の正月行事をみると、一様に田植の真似をする風を伴っている。真澄遊覧記によると、南部領の中には雪の上に畝をたて、松葉を苗と見立てて植えるという行事を行う土地もあった。新暦は政治にも学問にも便利な暦ではあるが、どうしてか国民が親しまない。ただ便利だとか、理屈にあっているというだけで、それが万人を魅するものではない。そして新暦は公署学校のもの、神社に行われる祈年、新嘗の祭なども官祭として、村人には殆ど省みられないで、村人は依然、昔からの祭りに昂奮を感じているのである。我々は決して旧暦に左袒《サタン》するものではないが、一つには民心を無視した改革が今に至るも祟っている事を切に感ずる。在来のものを皆悪しとした為政者教育家に対して、なお旧暦を守り通そうとする常民の無言の反抗のある限り、私は教育の真の効果などあげられるものではないと思っている。

旧暦行事の残すべきものは残し、これが新暦への巧みなる移行、なお旧暦を使用せざるを得ない範囲（たとえば海の生活者達）には国としてその一部を認めるような方法をとったならば、恐らくは常民もただ頑迷に徹する事もなかったであろう。

今日しばしば問題にされる方言の如きも方言が全て悪いといったのでは改まりようはない。まずその生活背景から改めていかねばなるまい。第二には方言の位置をも人々に十分知らしめねばなるまい。方言の大半は古語であり、小半はそのすぐれたる造語技術に負うたもので、一として意義のない語はない。伝統を守るという事が善事とすれば、また上代が尊ばるべきものであるとすれば、その言葉もまた尊ばれてよいものが多い。その尊しとするものは、過去のかたみとして、記録して後世に残す用意も必要であろう。また尊き所以も知らしむるべきである。そこに子供たちは子供たちとして、自らの村の生活の尊さも知ろう。だがしかし国の政策として、また国民的思索への途として、言葉を一にしなければならない所以を説き、新しい生活には新しい言葉の生かさるべき事を説いていけば、恐らくは一人として国の政策に反する者もなかろう。そうしてまた亡ぼさずにすむような方言は、これを標準語として採用する途も開けよう。こうしてこそ国の中には一国一家の心も生まれてくると思うのである。

習俗の事も方言の事も要するに一つなのである。そうして教育とは教師の持てるものを児童に押しつける事ではなく、師弟共によき道を見出して行く事だと思うのである。

このたびの戦において日本の将士を強からしめたものは、必ずしも新しい教育の力ばかりではない。古い村里の生活の力が生きている。強力なる郷党の結合は新しい教育が教えたものではない。そういうものは理からのみでは生まれない。過去の生活の垢の堆積である。これがどれ程人々を強からしめた事か。『征野千里』〔谷田勝　新潮社　昭和十年〕という、今度の戦争ものの一冊を読んでいると石川という伍長が、杭州湾に敵前上陸して進撃しつつあった夜半「わしの村ではなァ……、わしが戦死するときなんと云って死ぬか、知りたい云うてなあァ……」といったという一節がある。それがこの伍長をして立派に「天皇陛下万歳」を叫ばしめたのである。忠にも孝にも村の生活が裏打ちされているのである。学校で迷信だといって排されていた事が、この度の戦争でどれほど生きているだろう。よしそれが一時の現象であるにせよ、我々の血の中に眠るものは必ずしも、さかしらな理屈ばかりではないのである。

村の古い生活を、新しい生活へ巧みに継いでやる事こそ、私は教育の重要な任務の一つだと思っている。学校の式は盛大であった。町の有志、青年学校の生徒達も参列して、大講堂を満たした。記せずこの地に昭和一四年を迎えんとは？。昨年は飛騨国久々野の小学校で正月を迎えた。明年は？、その先は？……

式後職員室で、校長先生から、また諸先生方から色々と我田引水して話をきかしていただいた。ここには若い先生方が多く、和気に満ちていた。誰方が参観に来られても、誰でも壇に立てるという用意があると聞くのも嬉しかった。この精進の故にまた実績も大なるものがあろう。出来れば子供の勉強振りも見て行って戴きたいとの校長先生のお言葉もあったが後日を期するほかなかった。町の人たちを中心にした教壇修養会が今年も計画されているとも承る。これはきっと面白くなる、と私はひそかに思って見た。教育が教師と父兄の真の集団的な合作になってこそ、学校教育は一変しよう。私にはそれが楽しいものに思えてならぬ。

雪が少なければ今日は毛馬内から十和田へ登ってみたかった。しかしその望みは断たれた。夕方まで学校にいて、もう一晩先生のお宅で御厄介になる事にした。夜は奥さんのお心づくしのタンポを御馳走になる。そこで食物の話が出る。北の国に来て何よりも私の食欲をそそるのは白菜の漬物である。漬物のうまさは、南では分からない。大いに礼賛しておかわりまで出す始末、そしてまた夜を更かしてしまった。

一月二日　朝飯をすましてしばらくお話をうかがっていたが、九時三十七分の汽車も来るのに間がない。お別れしてお宅を出る。町は今日初売りだというので、馬の背などに旗が立ててあるのが目につく。

藁靴を買おうと思って、とある店へ入ると、家々の道具も関西地方とは大きな差があるので、それこれと聞いてみる。店の人は親切だ。遅れそうになったので、雪道を駅まで走って、切符も買わずにやっと乗った。

大館で乗りかえていよいよ青森へ向かう。由来秋田は山形よりも開けているというのが、今まで私の聞いてきた処であった。この言葉は汽車の窓から見ても肯定できた。日本の海上交通は日本海を主として行われ、それが明治初年まで続いている。従って西の文化が比較的多く入ってくる路が開けていた。方言などにも、瀬戸内海辺りと同様のものが相当にあった。またこの地が明治に入って鉱山開発の著しかった事も世相をかえていよう。津軽の平野も想像以上に開けており、人家も多かった。それらが、菅江真澄翁の遊覧記に書かれた絵と同様に雪に埋もれていた。雪がなければこの平野の果てにある十三港へも行って見たかった。瀬戸内海から出た北前船もこの港辺りまで来ているのである。

青森へついたのは午後一時前であった。そこから上野行きに乗換える客は一杯である。北海道から海を越えて来た人たちであろうか。一時の汽車で発って、これからいよいよ南するのである。野辺地まではずっと雪であった。津軽の野の開けているのに対して、あまりにも荒涼たる山野である。今は放牧の馬もおらず、ただ雪の原が続く。野辺地を南へ出ると空が晴れた。西の八甲田山塊は雪雲で包まれている。尻内の手前で海が見え、八戸の町が澄んだ空気の中にはっきりと望まれた。南の山もまた雪である。八戸には大きな工場が出来ているいる様である。東北振興政策の結果であろうか。

三戸は雪である。ここからまた降雪地帯だ。ちょうど三本木の原を中心にした上だけが青空であったように、この三本木原が長く文化から取残されていたのは我々には考えさせられる問題であった。三本木の原というのは東西三里南北五里の——野辺地あたりまで加うれば東西九里、南北十三里の荒寥たる原野である。この地が幕末の頃、民家さえも殆どない荒広の地であった理由は、火山灰の交じった三紀層の土で地味悪く、その上水に乏しかった為であるという。この地を拓いたのは故新渡戸稲造博士の祖父傳《ツトウ》氏であった。傳は南部藩士であった父維民《コレタミ》が主君の勘気を受けて、外南部〔下北〕に流されたのに同行して川内に住し、行商して窮乏の生活をしていた。それが行商の途次、十和田山中の欅の多いのを見て、非常に苦心の末、伐出に成功して以来、再び栄え、旧主家の勘定奉行となり、この三本木原を拓きにかかったのである。彼の奥入瀬川によって十和田湖の水をとる計画をたて、城壇台山に九百四十間の、鞍出山に千三百二十間の穴堰を掘って、遂に三本木原に水を導き出した。この穴は高さ、幅共に五尺。ここより原を一直線に三本木の町までひいた大工事で、これがためには人手を補う方法として囚人までも引出して働かせたという。総費用三万四千両。この捻出には特に苦労し、今日の株式会社の如く、五十両を一株にし、成功後一株について一町歩の耕地を与え、十株以上は士分に取立てるという方法で金を集めた。こうして初めて長さ四千三百間、幅六尺乃至五間、深さ一丈乃至一丈八尺という用水路が出来上がったのである。その他、傳及びその子十次郎（稲造博士の父）によって三本木の町の計画もなされ、人家は二階家に限り、藁葺を許さず、柾葺を主としたという。地方開墾としては珍しく組織的な規模広大なものであった。そうして出来上がったこの開墾地には各地の人が来たり住んだ。いわば北海道の縮図のようなものであった。だが今日と雖も人工稠密とは言えないのである。

東北の山野にかかる開発苦心談の多いのは、それだけ人口も少なく文化が後れた為であろう。近世かかる話のきわめて少ない近畿、中部の平野にも、恐らくはかかる苦心が堆積して今日の隆盛を見るに至ったのであろう。

三戸から田子へは三里、町営のバスがあって、雪原の道を走る。日はすでに暮れてシンシンと寒い。田子の町へ着いて私は学校の方へ歩いた。町には何とか会館というカフェーが二つもある。一見して扇田よりは開けた一面があるように思う。そうして明らかに東京の影響が認められる。扇田における仄かな関西的な匂いはここにはないように思えた。私は少しでも物を細かに観察したいために、あの大館の駅で切符を売る口の所で買われている切符の行先や、荷物などを見て、関西行きの相当多いのに感心したのであるが、田子の町から関西へ移出し、また移入してくる物がどれ位あろうか。

町をグングン歩いていくと町はずれへ出た。大きな道標があって鹿角道の字がよまれた。ここから毛馬内へ越えて行く道である。行きすぎたと思って、暗がりの軒の老人に聞くと、このすぐ上が学校ですと教えてくれた。言葉はかなりよく分かった。坂をのぼって丘の上の学校を訪うと、ちょうど校長先生はおられた。すでにしばしば本誌〔「同志同行」〕上にあらわれて、その家族的な校風をうたわれ、我々関西の者の口の端にもしばしばのぼった学校である。突然な往訪は校長井口先生を驚かせたようであったが、老師の紹介状が一切を氷解してくれる。一通り身の上と私の仕事を明かすと、早速先生は、郷土史を出されて、土地の様子を一通り説明して下さった。そうしてここで学問の先輩小井川潤次郎氏の噂を耳にする事の出来たのも嬉しかった。私はまずここで名子制度について聞いてみたかった。だがそういうものはないらしい。その名残と思われるものを同席の先生から承って、やや力を得たが、ひとまず校長先生のお宅へお伺いする事にした。

その夜隣家のご老人が来られて、私のために、土地の古風を話して下さった。言葉の分からぬところは先生に解いていただいて……。その聞き得たところは扇田とは凡そかわっていた。そうして私の野心は鬱勃として湧いた。

一月三日　朝、老人に来ていただくまでを校長先生から先生幼少の折りの事を承る。それは全く、私の心にしみとおるような懐かしい話である。昔は家の周囲に必ず畑があって、畑には梨、りんご、小柿などが生えてあり、これが子供の間食になった。野生の梨は大木で、初秋風が強く吹く夜などは、目をさまさせる程はげしく屋根の上におちて来たという。奥さんから承った、山葡萄の話もよかった。

そのうちに隣村斗内《トナイ》校の鈴木、一ノ瀬、樋口の三先生が来られて、やがてご老人も交じり、話がはずんだ。午後は老人の家へ出かけて話を聞いた。言葉はやや分かりにくいが、私があいまいに筆記していると、一々読み直さしめて、訂正して下さった。非常なる努力である。私には誠に有難かった。座にはもう一人老人がおられて、足らぬ処をつけ足して下さった。日が暮れて奥さんがよびに来て下さるまで聞いた。我々はこういう人をまたとない有難い人としている。

その夜老人はまた校長先生のお宅へ来て下さった。私は土地の年中行事と、村の組織、交易などについて一通り承り得た。

井口先生がここに勤められるようになって、もう三十年になるという。温顔の先生の発散する家族的な空気は校内に漂い、町にも溢れ、職員室、学校、町が一体になっているのではないかと思われた。何か相談に来られた町の有志との話を聞いていても、他に見られぬ和やかなものがあった。老師がこの地を愛される理由も分かるような気がした。

だがしかし、町が富裕なるが故に家族的だというのではない。例に洩れぬ東北の村として、貧困と時代からの立遅れに悩んでいるのである。私は奥さんからこの町の不遇なる子供たちについて承った。それは胸をかんだ。といって貧しいのは東北ばかりではない。大阪の野といえども同様である。特に子供たちの悪ずれしている事については大阪近在の方が甚だしいようである。だが、それが旧来のものであったとは考えられない。気風ばかりは教育の盛んになった現代の方が逆に壊れつつあるのである。隣家の老人も、たしかに明治二十七八年以後、この地も共同的なものがこわれて来ましたといっていた。それは少なくも喜ぶべき現象ではない。芦田老師を中心とする教育運動は、ただ単に国語教壇の興隆が最後の目的ではない。道によって和を取り戻す事である。そうして郷土的和から日本的和……即ち大和への復活であらねばならぬ。然も東北は今日最もこれを豊に持っている地であろう。寛政の昔、三河国を出てこの地方を流浪した文人菅江真澄が、どうして再び故郷へは帰らずこの雪の中で死んだかという事は、凡そ色々の事情はあったにせよ、人々の美しい情に絆《ホダ》されたのが因ではなかったかと考える。単に真澄だけではない、船遊亭扇橋の『奥のしをり』〔『復刻 奥のしをり』船遊亭扇橋 アチックミューゼアム 昭和十三年五月〕など読んでも、旅人に対する情が心をうつ。

この度の旅は実に多くの考えるべき問題を私に与えた。しかもその解決の鍵は既に老師の教えを奉ずる学校において造られつつあるように思った。この地でも生徒に接し、または授業を拝見する事の出来なかったのは残念であるが、大体は想像はつく。そうして、夫れを目のあたり見ての驚きも考えられる。まるで驚きを前もって用意している様ないい方だが、頭で考えられた事に驚きはない。驚きは現実、目の前にのみ存する。何れにもせよ、老師の足跡鮮やかな、扇田、田子の二校は、それぞれの意味を以て私の心を打った。古武士的な田中先生と大人の様な井口先生、それは啻《タダ》性格の差、帰する所は一。

私は東北再遊を考えた。そうしてなお多くを見、深く触れてみたいと思った。北と南はもっと密接につながれなければならぬと思った。

一月四日　朝田子を発つ。バスの車庫まで先生に送っていただく。丁寧に頭を下げられた先生のお姿が目にしみた。

連日の御馳走攻めにいささか胃袋が驚嘆して呆然となったらしく、一人になると妙に身体がだるくなった。この雪では見も知らぬ九戸山中に迷い入るのも無理、身体もやや悪い。平泉の中尊寺に詣でて東京へかえりたいと思った。家には風邪を引きやすい子供が置いてきてある。東京へ身体を悪くしたという知らせが来てはいないかと思うと、ジットしていられない気がする。北の旅で寒さが身にしみると、大阪もこんな寒さが来ているような気がする。九時三十四分発宇都宮行に乗る。四囲ただ白雪、空は今日も暗い。こうした一冬を送る人の心は寂しいものであろう。我々の習ったもので雪はうれしいもの、美しいものであったが、北の人たちにとっては決して美しいとかたのしいとかいうほどのものではあるまい。むしろ雪解けの滴りの音がどんなに楽しく聞かれるだろうとも思った。汽車は青森と岩手の境、井口先生の故郷、釜沢のほとりに駛《ハセ》ていよいよ岩手県に入った。しかし依然として、馬淵川に沿うて遡るのである。谷の東を限る北上山脈の連亙《レンコウ》を見ると、積雪はあるが、松のある処は青い。案外楽ではないかと思ってあの山の向こうがなつかしくなった。そうして咄嗟に北福岡で下車する。福岡の町に入って、軽米の方へ行くバスの事を聞いてみると、午後一時まではないとの事であった。むしろ金田一からならば何回もあるようである。歩くのは身体の調子が悪いので思うようになく、奮発してタクシーを雇うた。ここから三里ほどある晴山村〔現・岩手県九戸郡軽米町晴山〕まで行ってもらうことにする。ここでは言葉は案外よく分かった。運転手から、村人の生活について聞くと、細々と話してくれた。非道い窮迫が未だこの近傍の村々の上にのしかかっている。ドブロクを飲むことを禁じられているため、二日がかりで作った藁靴を二里もある所から売りに出て、酒を飲む男の話は殊に心を打った。バスの待合所で火にあたっていた男たちがその仲間だったという。福岡の東、猿腰という峠をのぼりきると、北上山脈が波濤のように起伏しているのが目に入った。晴山はこの山の村である。私はその村役場を訪れて名子の制度、出稼ぎの事などについて聞いた。吏員たちは懇切に台帳などまで出して教えて下さった。そうしてここから一里先に物の分かった地頭の家があるから行って見よとすすめられた。帰りを急ぐ気もあった。雪道を行くのもおっくうだった。しかし此処まで来てみると、もう憑かれたような気持で、私は思いきってその篤農家を訪うことにした。ゆるやかにうねる丘の道を歩いていった。山一つ越えた金田一の谷を行く汽車の音が手に取るように聞こえる静かさだった。足は重かった。だが遂に篤農川崎氏を訪うことが出来た。川に沿うた家で、瀬が寒々と音を立てていた。その夜、私はこのささやかな山中の村を飢餓から救う氏の熱情に耳をかたむけた。地頭と名子の事についても教えらるる多くがあった。氏は村を救う道は二宮尊徳先生の仕法以外になしとて二宮神社まで分請して、村人の目をひらき、村を和平に置かんとしておられる。言々句々、実践者にあらざれば吐けざる気魄を宿しておられた。要するに村を真に救い村を立て直す者は村人自身であらねばならぬのである。その夜は強い興奮を覚えた。一夜殆ど眠れなかった。一小学教師と雖も、国を憂うる心は強い。三千万の国民が愛し来たった。この国土を、我々は汚してはならないのだ。更に美しきものにして子々孫々に伝えねばならぬ。

一月五日　夜半から風が出て吹雪になった。早朝起きて観音林というところから八時に金田一の方へ行くバスへ乗るために川崎氏の宅を辞した。もう娘さんは、白い雪の上を掃いていた。けがれなき瞳の少女である。私は吹雪の中を歩き続けた。吹き溜まりが出来て股を没する所も少なくなかった。しかし八時までには観音林まで出た。バスを待っていると八時半過ぎて来た。雪で遅れたのだという。満員で乗れそうもない。外へでもかまわぬから乗せてくれと頼んだが、この雪ではスリップが多くて危険で駄目だという。バスはやがて吹雪の中に消えた。私は思いきって歩く事にした。せめて昼過ぎの汽車には乗りたかった。雪の道を、自動車の轍に沿うて、走る様に歩いた。しかし烈しい風雪が来ると、一歩も進めなかった。吐く息がマスクの外側ではすぐ凍った。

福岡の町まで出たときはもう殆ど歩けなかった。それでも正午十分過ぎの列車に乗る事は出来た。汽車はのろかった。十三本木峠〔奥中山峠〕を越えるといよいよ北上川の谷である。汽車はここから一関まで川に沿うて下る。盛岡をすぎ花巻をすぎた。平泉へは正しく行けば四時過ぎに着くはずなのが、とうとう五時をまわった。下車を断念しようと思ったが、やはり欲が克った。足が痛んで歩けないのを、一時間近くもかけて、本坊までたどりついた時はすっかり夜だった。大阪の者でたまたま通りかかったのである。是非拝観を願いたいというと、駄目ですという。時間がすぎている、火気厳禁、よく見えないというようなことが理由である。それを強いて頼んで、懐中電灯で見せていただくことにした。薄暗い光の中に浮かぶ仏像、器具は、まさに繊細な美をきわめたものである。光堂に至っては、その巧緻に驚嘆の声を発した。感激が身体を震わせた。この上は秘仏という一字金輪仏もぜひ拝みたい。これを強いてお願いして拝観させて頂いた。恐らく平安芸術粋中の粋、その肉感的な姿態と、豊満なお顔とは、恐らく当時の女性美の象徴ではあるまいか。かかる僻遠の地にこの芸術。恐らく京阪にもこの巧緻はあるまい。正に天才の作であろう。蓋し世をすねて都を去った者の手になったものではあるまいか。

手足は冷えて感覚を失った。案内する僧も二時間近い時間をご迷惑な事であった。だが私にはただ有難かった。

しかしこれほどの文化が一体庶民にはどれほどの関係があり、影響を持ったのであろうか。恐らくそれは庶民には何の関係もないものであっただろう。私はそこにも考えるべき多くがある様に思った。寺を辞して駅へかえった。十時頃に延着した汽車に乗って東京に向かった。立錐の余地もない。遂に仙台で四両を連結した。その連結した車に乗ったが、これにはスチームが届かず、寒さが身をかんだ。どうしても眠れない。やむなく前方へ行って立ったまま時を過ごした。

一月六日　夜が明けると関東平野は快暖だった。宇都宮あたりから雪もなくなって、暖かい感じの冬野だった。利根川を渡ってから、西の空にクッキリとした富士を見た。上野へついたのは十時をすぎていた。私はその足ですぐ久我山の方にいる先輩を訪問するために中央線の電車に乗った。

用事を終えて、アチックミューゼアムについたのは夕方だった。妻からは手紙も来ていなかった。私は初めてホッとして子の健康を想像した。その夜渋沢先生の応接室で二時過ぎまで、旅の報告や芦田老師のお噂を申し上げた。其処にも此処にも真実なものが勃々として萌えんとしつつある。

一月七日　九時すぎアチックミューゼアムを出て、成城の柳田國男先生をお訪ねした。先生はその学問から国語教育に一見識を持たれる方、「今日までの国語教育は、徒に蔭でばかり喋舌り、人前ではかえって、物一つ言えないような人間を作っている。之程の侮辱があろうか」といつもいわれている。信濃筑摩教育会主催で、御講演の「国語史論」は言々肺腑をついて我々に一大反省をあたえる御言葉であり、岩波の国語教育講座に書かれた「昔の国語教育」も一読すべき好文字。国語教育の真の樹立には、垣内先生の理論と共に柳田先生の史的考察は是非とも、とってもって学ばねばならぬと思う。私はひそかにそれを希うものである。柳田先生に芦田老師の教育行脚の事を申しあげると深く感銘せられたようであった。私はただ嬉しかった。

満ち足りた旅であった。先生の許を辞したのは夕方近く、それから明治神宮に参拝して教育の興隆を祈った。(十四・二・二十一夜半了)

〔「国語史論」柳田國男　長野県東筑摩郡教育会　昭和八年七月二十七・二十八日講演(『国語学講習録』国語学講習会編　岡書院　昭和九年)に収録　定本柳田國男集第二九巻。「昔の国語教育」(岩波講座国語教育第二巻)岩波書店　昭和十一・十二年(『国語の将来』柳田國男　創元社　昭和十四年)に収録　定本柳田國男集第一九巻〕

〔「同志同行」七巻一二号　昭和十四年三月〕

十二　四国民俗採訪録抄

一　四国の山村

土佐へはじめて足を入れたのは昭和十六年の二月であった。伊予の三津浜で、大洲の山中は大雪だときいて、その大雪の中を歩いてみたく、八幡浜行の汽車にのって夜半に雪でまっしろな大洲に下車した。そしてその翌日から春の雪のしまりのないのを踏んで次第に山間に分け入り、韮ケ《ニラガ》峠《トウゲ》というのをこえて高知県檮原村《ユスハラ》に入った。私の旅は全く無計画である。一ヶ所へ行って、そこでその附近に古風をのこしてある村のことをきくと、その村へ行ってみるというように、気ままに続けた。檮原へもそうして足がむいた。檮原と山一つ距てた北側の伊予の浮穴の方は多くの古風と、長い窮迫の生活をして来た所である。そのあたりは徳川時代には特に百姓一揆の多かった所であるが、そういう事のなかに、この地方の人々の長い間の苦しい生活がしのばれるのである。山また山の、平らな所といえば山の背のような所に少々と、河原のほとりのほんの少々位の所に住居を設けて、急な山腹を段々の田や畑に拓いて見ると、ただそれだけを耕作するにも一方成らぬ労苦はあった。

荒々しい自然にいどみかかってゆくこのあたりの耕作は、どこか荒っぽい所があって、百姓の使用するビッチュウ（四本歯の鍬）などは五尺もある柄のついた、目方が一貫内外の鍬であった。これが自由にふりまわせる事がまた自慢でもあって、八十こえた老人が、「私にはまだ備中が使える」とほこらし気に語ってくれた笑顔も目にうかぶ。

そのあたりには隠居制度がはっきりしていて、親は長男に嫁をもらうと、二三男をひきつれてインキョメンを持って、インキョへ移る。二男はインキョで独立する。三男以下があれば養子に行くことが多かった。孫が嫁をもらうようになれば、その父にあたる人はやはりオモヤを長子にゆずらねばならぬ。するとオモヤのそばに家をたてて引移る。これをカンキョといっている。インキョ、カンキョ、オモヤの三棟の

田（昭和16年）
愛媛県東宇和郡惣川村（現・野村町）

鍬（昭和16年）
愛媛県喜多郡河辺村（現・大洲市河辺町）

民家（昭和16年）
高知県高岡郡檮原村（現・檮原町）

そろった家もこの山中をあるいてみると少なくない。それに納屋、倉など揃った家になると、一つの屋敷の中に四棟五棟のたてものがあって壮観である。

分家はオモヤの近くにたてる事もあるが、耕地その他の関係で遠くはなれる事もある。時によってはインキョをそのまま二男がもらうこともあって、オモヤの周囲にオモヤよりは小さい家が二三軒群がっているのを見かけるのはこうした分家である。

生活の窮迫した地方であったから、おのおのがその力によって生活をたてて行くことが、一番賢明だったのであろうけれど、時にはインキョの老人が一夜何者かのために殺されて、財をうばわれているというような事もあった。併しそういうことではこの地方のインキョの制度はくずれなかった。

この地方にはたしかにヌスビトは多かった。そっと物を持って行くものもあれば、刃物を持って押入って来るものもある。明治の中頃に出た亀五郎という盗人などは特に有名で、伊予ではゴウドウガメといっていた。その男が盗人とわかっていても中々捕える事も出来ず、悠々としてあるき、また宿にもとまった。ゴウドウガメは浮穴の奥にも来てとまった事があるという。彼が来た時、村の人々は何処へ押し入られるかと思って恐れをなしたというが大した事もなくてすんだ。いつの頃からか癩をやんで、癩には子供の生肝をたべるとよいとかいって、幼少の者を殺すようになってからは、遂にすててもおけず、警官たち必死の努力で捕える事が出来たが、それまでこの地方の人々はおちついて眠ることも出来なかったという。この男の一代記はゴロゼ（のぞき眼鏡）にも仕組まれて「伊予の大洲の横林……」という文句ではじまるゴロゼを村の弘法大師の縁日で見た事もあった。

この男ばかりでなく、これに似た小さい盗人は、このあたりに多く、そのとったものを買う家があった。村里からポツンとはなれたような所にあって、そこではそうした不穏な旅人をも泊めたのである。これをオトシヤドといった。不正な品を売って利を得たのであるが、そうした品をまたひそかに買いに行くものも少なくなかった。さきほど書いた一夜のうちに殺されていたという老人の持ち物を、そこから半里ほどさきの村のある家の者が持っているのを殺された者の子が見つけたことがあった。多分はオトシ宿から買ったものであろう。オトシ宿はこのようにして商売し金持になった者も少なくないという。

そのような宿が檮原の方にもあったときいて、伊予から土佐へこえて見たのであるが、その痕跡はかすかであった。土佐には土佐の色があって、生活はたしかにこの方にゆとりがあった。檮原などは何処の家にもラジオがとりつけてあって、夕暮の家のどこからも金属的な声が静かな谷間にひびいていた。

百姓一揆の多かったころ伊予の人はよく土佐へにげて行ったものである。これを国越之騒動といった。伊予ばかりでなく阿波の人たちも土佐へ国越えをしている。

その土佐藩といえども決して暮らしが楽だった訳ではない。野中兼山以来一種の統制経済が行われていて、農民の生活もキュウクツなものであった。しかしここには開発郷士の制度があって、土地を新に開拓すれば郷士にとりたてられる道もあった。最初は長曽我部氏の遺臣をしずめるためのものであったが、後には一般百姓といえども志あって広い土地を拓く場合には苗字帯刀がゆるされた。檮原の奥にもそうした郷士の家が何軒かあった。こういう事が村人に活気を持たせ、また気概のある人々をつくった。

山をあらたに拓く場合には木を伐って火をつけてやき、そこに稗、蕎麦などをまきつけた。これをキリハタといった。慶長の検地帳には切畑とも山畑とも書かれている。キリハタはその後拓かれたまま定畑になり、水田になる事によって、新しい耕地となったのであるが、時にはまたもとの山にかえる事もあった。それを明治大正になってから、この村では二三年穀物を作った後へミツマタを植えるようになった。これは重要な紙の原料である。この耕作によって檮原は富んだのである。山の南側はこうしてゆたかであった。

それだけに村に不幸や貧乏の入りこんで来ることをおそれた。伊予側には国境の小さい間道にまで番所のおかれる事もなかったようであるが、土佐側ではたとえ十戸の在所でも国境にあれば、そこに番人庄屋

キリハタ（昭和16年）
高知県土佐郡本川村（現・吾川郡いの町）

ミツマタ（昭和16年）
高知県土佐郡本川村（現・吾川郡いの町）

楮を蒸すコシキ（昭和16年）
高知県土佐郡大川村

というものをおいた。そして国境をこえて入込んで来るものを見張りしたのである。

そういう事が制度になるまえから、このあたりでは、目に見えぬ災害の神の入り来ることをこばむまつりがあった。ハルキトウといって正月十五日に行われた。村人がお堂などに集って一年中の村の和平を祈り、大きなアシナカゾーリをつくって、これを竹にとりつけて村境に立てておいた。このゾーリをコンゴーまたはコンゴーゾウリといった。粗末なものであるが、あるいているとよく目についた。山から目一つの鬼がやって来るのにたいして、村にはこんな大きなゾーリをはく人間がいるぞということを示すものだといっているが、中には道の両側に笹をたて縄を張って、その縄に草履をくくりつけているものもあった。すなわち道切りの風習なのである。家によってはカドギをたて、それにシメを張っているのも見かけた。人々が自らの生活をやすらかにおくためには実に多くの有形無形の手段が講ぜられたのである。同じ土佐の中でも吉野川筋の本川村や大川村では、村はずれへセキフダとて「塞神三柱大神」と書いた紙製の小さい祈禱札をたてておく風があり、吾川郡上八川村のあたりでは、五色の幣を村の四隅と中央にたてる風があった。しかし悪い病でもはやるような時には、村内安全を祈るために祈禱師をたのむことがあった。この行事をオーヤマシヅメといった。

コンゴーゾウリ（昭和16年）
高知県高岡郡檮原村（現・檮原町）

モッコ（左・昭和16年）
高知県高岡郡檮原村（現・檮原町）

檮原には二日いた。そしてそこで多くの民俗について聞いたが、それらのノートをやき、記憶もうすらいでいて殆ど覚えていない。ただ檮原から分丸峠をこえて、東宇和郡の土居へ出る途中で、シャクシワタシのはなしをきいたのを覚えている。分丸という部落のある農家へ何気なく寄って、その炉ばたに腰をおろして、婚姻の習慣についてきいてみたのである。その時、夫婦盃のあとで、村人が集って酒宴をしている所へ新夫婦が出て、若者二人にモッコへメシビツをいれて天びん棒でかつがせ、そのメシビツから飯を茶わんへ山盛りについで人々にすすめる行事がある。これをシャクシワタシといった。元来シャクシワタシとかヘラワタシとかいうのは主婦の管理権を姑が嫁にわたすことで、嫁が主婦として一家を十分にきりまわして行ける事が分かると、シャクシをわたすのであるが、隠居の早く行われるこの地方では婚姻の日にこれが行われたのである。そして隠居した親たちは二三男のためにあらたに独立出来るだけの財産をつくらねばならなかった。すなわちこの地方では妻をもらい子を育て、子の成長するまでは家の財産を守り、かつこれで生活し、子が結婚すればインキョメンを基礎にしてあたらしく分家の分の財産をつくらねばならぬのである。幸にしてその頃は二男も三男も生長し、女の子もよく働いてくれ、自身もまだ老年というにはいささか早く、あらたな開墾をおこしてもそれに成功する事が出来た。こうして二三男のために分家をたててやり、自らも働く力がなくなると、長男の所から食糧を仰ぎ、死の病の床は長男の家に設けられ、葬式は長男の家で行われたのである。同時にインキョメンも長男の家に戻された。それを二男にゆずるように遺言して本分家の争いのもとになった例も少なくないという。山村の開発はこのようにしてすすみ、不便きわまる所にも安住の世界をつくったのである。

土居から南へあるいて北宇和郡日吉村で日が暮れた。朝早く檮原村の四万川を出て、日吉村の川口までは相当の距離であった。疲れていたが、川口の宿の老母はものしりで、色々のはなしを夜更けまできいた。ここではサネモリ送りが盛んに行われていた。田植がすむと、実盛様という人形をつくり、それに稲の虫をおくるのであるが、川上の方の村でまずこれをつくって村はずれまで持って来ると、次の村の者がこれをうけついで、更に自分の村の虫を負わせ、次々に送っていって、はては四万十川の支流にこれを流しすてるのであるが、その間一週間近くもかかったようで、村をあげての賑やかな行事であった。それが小松という所だけは避けて通ったという話もきいた。

このような行事は西日本には広く存在している。それに一村のみで行われている所もあるが、村つぎおくりをしている所もある。我々は村に入り来るわざわいを防がねばならぬと共に、村にいるわざわいに対しても出て行ってもらわねばならなかった。そういう時には多くは鉦、太鼓をたたいてにぎやかにはやしたてて送って行った。この音によってはらい出すことが出来たようである。

川口からまた山へ入る気になって細い道を南へあるいた。そして音地という所では狩の話をきいた。こ

イノシシをとった家の入口（昭和16年）
愛媛県北宇和郡日吉村（現・鬼北町）

のあたりでは狩のことをマトギといっている。イノシシが多くとれるようで、村には一人か二人マトギの名人がいた。マトギは東北日本に言われているマタギと関係あるかと思う。遠くへだてて日本の中の北と南にこの語があり、しかも共に狩を意味しているのであるが、他の地方ではこれに似た言葉をきいた事はない。

さてそのイノシシをとった家の入口に、マグロの尾ひれの大きなのが二つもかかげてあるのを面白く思った。狩人はイノシシも食い、魚も食うているのである。どのような山の中にいても海は案外近かったのである。早い話が少し高い山の上へ上って見れば海が見えるのである。中部地方の一部の山を除くほかは日本の山はどことも同じである。私の郷里は瀬戸内海の島であるが、浮穴から檮原へこえる韮ヶ峠の上で思いがけなくはるかに郷里の島をのぞむことが出来てなつかしさのあまり涙をおとしたことがあった。雪道をふみなづみつつ故里をのぞみ見た時、故里を出て一週間もたち、はるかに遠く来たように思っていたのが、実は案外近い所にいたのである。

この韮ヶ峠の東にある大野ヶ原には海童《ワダツミ》神社がまつられている。海童神社は土地の人たちは八大龍王をまつったものといっているが、大野ヶ原は土佐湾上からよくのぞまれ、船人や漁人には大切な目じるしの山であった。だから船人たちはこの山に祈るのである。そして、この山の信仰者はこの山麓の人々よりはむしろ海の方に多いという。この山で修業したという巫女に宇和島の海岸で逢うたが、その女は山から出て浦々の漁業の豊凶について占って歩いていた。こうして山と海との交渉は案外多かったのであるが、土ばかり耕している者にとって、山はやはり山であり、海はまた遠かった。

音地から奥へはいってもう一度土佐へ越えようというあたりは山の中ながらやや傾斜のゆるやかな所があって、田や畑もひらけ、家も点々として谷々に見られたが、人の姿は一人も見かけられなかった。一村の民が逃散したのではない。出作《デヅクリ》の村なのである。伊予土佐にかけてはこのような緩傾斜の土地をナロといっている。地名にも上奈路・宿奈路・川奈路・竹奈路など無数にある。この出作地はナロとはいい難いかも分らぬが、大体それに近い地形である。日向あたりに見るハエは山の尾根などのゆるやかな所をよぶ時に用いられるようであるが、日向の米良や椎葉にはそういう地形が多く見られ、住家はまたそういう所に多い。

出作小屋（昭和16年）
徳島県三好郡三名村（現・山城町）

音地の奥のナロはナロの中でも大きいもので、ナロとはいいがたい谷奥の平地なのだがどの家もひっそりしている。夏には学校の分教場も出来るらしく、その建物もある。神社も出来ている。しかし秋の取入がすむと里へかえって行くのであろう。人も居ないのでただ通りすぎて来たが、いかにもさびしい気がした。やがてこの土地にも出小屋生活から定住者も出て来る事であろうと思われる。土地の開発にはまたこのような形式も見られるのである。

そうしてこれはここばかりでなく全国にひろく見られる所である。土佐山中にもこのような開墾地はいくつもあったようで、土佐郡本川村あたりでは徳川時代の文献にかかる開墾地を〇〇百姓とよんでいた事が見えている。たとえば竹ノ川百姓とか、篠辺百姓とかよんでおり、今日ではただの山林になりはてた所に尚そのような地名ののこっている所がある。

このようにして拓いたり山にかえしたりして徐々に人々はその住む世界をひろげて行った。

（二十二・七・二十四、高知にて）

〔「日本の言葉」一巻五号　昭和二十二年十月〕

二　土佐長岡郡稲生村聞書

位置　稲生村は高知市の東二里程の地にある香美平野の一隅の村である。野中兼山の新開せる一部に属し、田圃耕作を主業としているが、別に石灰採掘の事業もあって、この二つの要素を含む文化景が見られる。ここでは農耕行事を主として記述する。話者は橋詰延寿氏の御両親、橋詰氏は土佐における民俗学の中堅であるが、その御両親はまた得難き伝承者でほんの一時間ほどの聞書だったが、教えられる所は多かった。出来得るならばかかる御両親を持ち、すぐれた才能を持つ橋詰氏に、この地方のすぐれた民俗誌をお願いしたいものである。

正月様　白木の三宝に米をのせ、これに橙をおいてワカバ（ゆずりは）をたてたもの。その周囲にカキモチ、キビノハナ、スルメ、吊柿をおく。一家の主人が作り、元日の朝、主人初め一同の者が順々に明方《アキノカタ》を向いて戴く。これで年をとったことになる。

カドアケマイリ　二日の朝、オヒネリとて白紙に米二三粒ずつ包んだものをいくつも作り、家によってはこれを竹の先に挟み、またはワカバの枝にくくりつけて、まずカドの畑に行って耕《ウ》ち、そこにたてておく。これをカドアケマイリという。次に田毎にこれを行い、洗場・井戸などに水を汲みに行く時も、オヒネリを持って行く。

ナナクサ　七日七草には三宝〔正月様〕の米の半分程をとって、それでオジヤを炊く。

カイツリ〔粥釣り〕　正月十四日の晩には村の若い者も子供も皆化けて出かけて行き「カイツリを祝わうとうせ」といって物を貰って歩いた。すると家々では餅、金などをくれた。カイツリには如何なる家の者も出かけたもので、相手が若い娘の家であればドーグ〔三味線、太鼓など〕を持って行って座敷に上り、色々の芸をした。すると娘の家の方では膳をこしらえ、酒を出して御馳走したものであった。この唄ったり舞うたり、食べたりしているときも顔はかくしていたものである。カイツリでもらったものをフクワケして食べると災難をのがれるといった。二十年前までは極めて盛であったが、欧洲大戦〔第一次世界大戦〕後止んでしまった。

カイヅエ〔粥杖〕　十五日には三宝に残っている米で粥をたいて神様にあげ、一同いただく。昔はこの粥は輪ジメや門松で炊いたゲナ。この日イタブ〔イヌビワ〕の木を伐って来てそれでカイヅエを作る。長さ一尺足らず、一端を四つに割り、二本をイタブの皮でくくる。

セツブン　この日米、キビ、大豆をまぜて八九合ほどを潮のコミ（満潮）にいって、一升桝に入れ、カラスミとオムギ（麦の新芽）を一つ宛のせ、床に祀る。また寺から牛王宝印という札を貰ってかえり、カイヅエの割ってある所に挟み、一升枡の上に立てかけておく。門口には鰯をヒイラギに挿したものを吊るか、または壁などに挿しておく。すると、鬼が、「ヒイテは目をつく鰯は臭いくさい」といって逃げるという。また、自分の年の数だけ豆を紙に包んで、四辻に捨て、後を向かないで戻って来る。これは厄年の者に限らない。

二十日正月　二十日正月にはカツエ（飢え）ないものだといって誰も沢山食べる。これは昔正月様があまり遊びすぎてカツエたからであるという。昔は正月は三十日間あった。ところが三十日も遊んで働く事を忘れて神様がカツエたから唯の三日にしたものであるという。

春彼岸　この日にオサバイ様をまつる、この地にはオサバイ様の社があり、そこで祭をする。オサバイ様の氏子たちは五合なり一升なりのダシメを出し、頭屋がこれを集めて酒食を用意し、オシバ（神社の境内）に集ってマツリ（飲食を共にすること）をする。頭屋は祭毎に交代して行く。氏子の中から毎回二人宛選ばれる。もとはクジによって決めたが今軒順にやっている。

オイゲサマ　オサバイ様のほかにオイゲ様という神様がある。オサバイ様と一つ神だといわれているが社は別である。女の御様だという。

註―オイゲ様は神母神社とか伊気神社とか書く。土佐一国の各地に見られろ神である。多くは水のほとりに祀ってある由。これについてぱ今桂井和雄氏が綿密な調査を行い、近く論文を発表するといわれるから期待している。

モミマキ　モミマキの時、節分にいったイリゴメをオサバイ様にまつって一般の人にひろめる（分けてやる）。またカイヅエを苗床の畦にたてておく。籾の播種量は一坪について二番は大体二合、中稲は五合乃至七合、早稲は八合位にまく。

田役　苗代を初める前に田役とて溝さらえをする。各戸から一人宛出るのであるが、おそく出て早くかえるので、「下田の田役の骨ヤスメ」といわれており、骨休め半分の仕事であった。この時一荷宛荷を運ぶのをハンモチといった。一荷担うて来ると判をついてくれるからであった。もとはこの仕事に出ると男は七〇銭、女は五〇銭の賃を得たが今は男九〇銭、女六〇銭に値上げされている。

サイケ　田の植え初めの祝いをサイケ祝いという。オサバイ様下しをする。若竹を三本伐って来て田の畦にたてる。若竹のかわりにカヤ、杉などを用いる事もある。そのもとに柿の葉か何かをおいて、これに赤飯など何でもいい思ったものをのせて供える。これは主人の役である。初め植える田のカシラの畦に祀る。オサバイサマが畦にいるから五月の畦は踏むものでないといわれている。

稲を植えて悪い日　稲を植えて悪い日はトリの日、ナエユミ〔苗忌み〕の日などである。ナエユミの日は種まきから四十九日目である。また四月八日はシャカダとて植えない。もしこの日植えるような事があるとシャカダという田を別にこしらえて、たとえ一株でも毎年植えなければならない。また、カンニチには餅にする米を植えない。カンニチとは、四月はヒツジの日、五月はイヌの日にあたっている。植え初めの日は、トリの日、カンニチを避けさえすれば何時植えてもよかった。稲は今新の五月一日頃から植え初めている。なお稲生村には神田はない。従ってこれに伴う行事もない。隣村の十市には神田も寺田もある。大体土佐は全体にわたって神田を見かける。

五月節句　五月の節句には、嫁に行っているもの、婿に行っている者は親里へ麦の初穂を持って行った。

泥ヌリ　長岡郡新改村では田植の時は田を植えていない人たちを追いまわして泥をぬったというが、今この行事は薄らいでいる。

サナボリ　タヤスミともドロオトシともいう。適当な日に田に入った部落の者が集り、米を茶碗に一杯と金を少々出しあわせ、頭屋二人が世話をして、これで酒食を整え、オサバイ様の社に集って食事を共にし、かつ踊る。部落によれば家に集って行うたり、また田のほとりのオサバイ様の祠の所で行うたりしている。

虫送り　旧五月二十日には虫送りを行うた。虫送りの世話は総代がやり、この時用いる松火は自分の家で作って持ってゆく。また大きな大鼓を叩く。この太鼓は今高知市になっている江口のクンテキ様の通夜堂にあるものを借りてくる。クンテキ様には大きな太鼓がいくつもあって、それを借りて来るのであるが、胴の大きさは大人三人で抱える程の大きいものである。これは金を出して借るのである。夕方村の人たちは村の田圃中を鉦太鼓を叩きつつまわって行くが、その初める場所は総代の一存によるもので、別にきまっていない。

　斎藤別当実盛で稲の虫はひしゃげた。

と歌いながらまわって行くのである。送っていく場所は虫送山というのがあり、そこまでだった。隣村の三島村久枝には斎藤実盛を祀っていたが、この地方の人たちは皆虫の害のない様にお参りに行った。虫送りは蚕を飼う様になってから、蚕に悪いとて中止された。虫送りをする時、音に驚いて多くの虫がついて来て焼けて死ぬるが、蚕もまたついて行くというものがあって中止になったのである。それ以後、誘蛾燈を焚く様になったが、やはり虫送りの方がよいといっている。今年あたりは復活を唱えるものもあった。

稲祈禱　此地では氏神様で虫送りまでに稲の祈禱を行い、札を家々に配る。それを田の畦にたてておおく風がある。安芸郡土居村などでは稲祈禱は虫送りより後に行うたという。虫送りが元来寺の行事であったのに対して稲祈禱は神社の行事になっているらしい。

麦初穂　同じ頃に麦初穂とて麦がとれるとそのお礼に氏神へ五合か一升位持って参る。これは神主の徳になる。

ホーカイ　盆にはホーカイとて十四・五・六日の三日にわたって各戸で火をたくが、その火で飯を炊いて食べると夏病をしないといわれている。子供たちは小さい釜で木の下などに集って四五人位で飯を焚いて食べる風があった。別にそれを何ともよんでいない。子供たちはこれをたのしみにしていた。

草取り　草取りは村人あるいは近村の人に請負でとらせる事が多い。田を植えてから刈るまで四回とるが、もとは一反について一斗、一反一回で二升五合であった。現在は一回に四升とっている。

社日様　大体秋の彼岸の中日頃になる。春の彼岸と同じく、オサバイ様の氏子がオシバに集って飲食した。

八朔　旧八月の一日で大体彼岸の後になる。この時も親里へつとめに行くとて嫁、養子に行っているものは、米の初穂を持って親の家へ行った。これが親への税金であるといわれている。

亥の子　旧十月の亥の日を祝う。初の亥の子は百姓亥の子、中の亥の子はクビキリ亥の子、しまいの亥の子は○○の亥の子という。初の亥の子に百姓たちは餅をついて神様に供える。そのほかに別に変わった事はしない。中の亥の子をクビキリ亥の子というのは、安之丞八幡が打首にあった日で、丁度その日安之丞の奥さんが餅をついて牢屋へ持って行ったそうである。安之丞については詳しく聞く間がなかった。

アキシとカマボ　稲を刈り初める日については別にきまりもいいつたえもない。稲刈りには山間部から人々が雇われて来たもので、男の方をカマボといい、女の方をアキシといった。カマボは玄米を一日に五升、女は三升を賃とした。そうして家々のものを刈り、かつ扱《コ》いでまわった。

秋祭　祭までにお宮の方では祈禱を行うて札を氏子の家々に配る。家々ではその札を床にまつり、かつ米の初穂を氏神様に供える。

歳暮　子の方から親の所へ持って行くのだが、この時は麦も米も用いず、お金または品物を持って行った。

通夜　このあたりの氏神様には大抵通夜堂がある。正、五、九の二十八日が祭日であって、その時お通夜するが、今毎月二十七日に出征軍人のためにお通夜している。

正、五、九月には軒別に初穂を集め、それで肴をこしらえ酒を買うて、頭屋の世話でお通夜の席でいただく。頭屋はトーマワリともいい元来一人だが、頭屋をしたものは次の祭の時も世話をするので、二人宛やる事になる。

他所の土地から来たものでも、容易に組入をさせ、組に入れば頭屋も一人前にあたって来る。組入の時は御馳走を作って村の者を招き挨拶する。


後記―なおこの村の習俗はその近傍の村々と大して変わっていないらしく、かつ安政の頃に比して変改も少なかったらしい事は安芸郡土居村の御改正廉書に較べて察せられる。

なお行事は彼岸節分等のほかは旧暦で行われている。

〔「大阪民俗談話会会報」昭和十六年度第八号　昭和十六年八月〕

通夜堂（昭和16年）
高知県土佐郡本川村寺川（現・吾川郡いの町寺川）

三　祖谷《イヤ》の蔓橋

旅をしてみると、交通という事について考えるようになる。海でも山でもまず昔はどうであったかと思ってみる。これも旅で見、かつ思ったことの一つである。阿波の祖谷へは昨年〔昭和十六年〕十二月十八日に初めて足を入れてみた。土佐国豊永から京柱峠をこえて小川という所に一泊。それより祖谷川について下り、一宇より西岡峠をこえて大歩危《オオボケ》に出た僅か一日半の旅。祖谷は山岳嶮峻にして交通不便を以て知られた所だが、今は自動車もあり、豪宕《ゴウトウ》なる渓谷美は我々を喜ばしてくれるが、祖谷の人たちは実はこの嶮峻の故に長く苦労したのである。川向こうの部落へ行く事さえ容易でなかった。そうしてこの川を越えるために作られたのが蔓橋《カズラバシ》である。明治まではこの祖谷川に架けられた蔓橋は全部で十三あったが、今僅かに記念として善徳に一橋を残しているにすぎぬ。たまたまここを通りあわせて橋を一見し、かつ附近の人にその架橋法について聞いた。

この橋をかけるのは、川の右岸善徳と左岸の閑定、中尾、今久保、重末の人々の役目である。即ちこの橋を最も多く利用する人々が架けたのである。他の部落の人たちはまた、それぞれ同様に両岸の部落で組んでかけた。善徳は人家百戸、閑定、中尾、今久保は合して五十戸、重末は六十戸。これらの部落は川の両岸の急傾斜にしがみついて黙々と散在し、家の周囲は開いて畠としている。この部落は更にまた小さく分けられて、その家数によって五人組または十人組といっていたという。そうして両岸で大体十五組ほどあった。

橋の架け替えは毎年の事で仕事の暇になった秋十一月に行う、その一週間前にカズラ（蔓）を切りにかかる。どの組がどの部分にあたるカズラを切るかということはきまっていた。部落の中重末は橋から一番

祖谷の蔓橋

離れているので、その割当は最も少なく、カズラもあまり切るということはなかった。各組とも指揮者は別になく、申し合せて今日はカズラを切りに行こうではないかといって出かけて行くのである。橋に用いるカズラはシラクチで、これは山頂の大木にまきついているものである。そして木が大きければ大きいほどカズラも性のよい長いものが出来ている。従って昔からこの地方では山頂の大木は伐ってはならない事にしていた。然るに最近材木の値が高くなったのと、橋が針金に変わってから、どしどし伐られてしまい、それと共にシラクチも殆ど見かけなくなったという。

さて、とって来たカズラは火を焚いて、それで焼いたりあぶったりして曲ったのをのばし、またくくったりする。そうしてまずこれに一日かかる。次に日をきめて架け替にかかる。まずシキヅナといって、

桁になるものを張る。これは両岸から出て行って真中でくくり合わせる。シキヅナの数は全部で五本。古い橋の上へ引張っておくのである。そうして両岸から締めつけて、切れたりゆるんだりする事のないようにくくる。しめつけるのは、木にまきつけて轆轤のようにしてしめる。これが非常にむづかしい。このシキヅナを張ってしまうと、初めて古い橋を切り落す。シキヅナの長さは大体二丁あるから、これだけの長さの丈夫なカズラを得る事も相当に骨が折れる。

次に丸太を梯子のように、そのシキヅナの上においてくくりつけて行く。くくりつけるにもカズラを用いる。

次に欄干になる大カズラを両側にひく。

次にシキヅナと欄干の取手をつけ、その間を網の目の様にくくって行く。

そうしてこの欄干や丸太の端にクモヅナというのをくくり、その一端を両岸の大木の幹の高い所にくくりつけ、橋を吊り上げるようにする。クモヅナは両岸合せて八本位である。クモヅナはシキヅナに比して細いから、木の上にのぼって、そこで手で以てくくる丈でただ解けない様にくくる所に特別の技術があるのみで、強い力で吊りあげるという様なことはない。この綱はむしろ橋の左右の動揺を防ぐためのものである。

これで橋は出来上った事になるが、その後で渡初め式もなければ一杯飲むという事もない。毎年の事であるから極めて平凡に行われた。しかして架けてから一年もたつとかなりたるんでは来るが、七十歳近い人の記憶では切れたということはないそうである。この橋は大正十二年まで毎年架けかえていた。

橋をかけるに要する労働力は大体三百工《ク》位で、一人前の者が各戸から一人宛、一日出る事になる。仕事に行くには皆弁当持であった。今残っている橋は毎年架け替えるのが困難であるのと、一種の記念物として残されているので、カズラの中に針金をまぜて使用し、長年月持たせる様にしてあり、人の渡るものはすぐそばに別に針金橋がかかっている。

蔓橋は祖谷が有名であるが、高知県の大栃にもあった。その写真が高知県史にも見えている。この方が規模も大きかったのではないかと思われる。

その他に内地で蔓橋のあった事は寡聞にして知らぬ。大和十津川、九州の米良、椎葉も歩いたけれど、出会わなかった。これは蔓性の植物の有無に問題があろう。

台湾山地のものは友人から写真をもらってうかがう事が出来るが、丁度祖谷山中を歩いているとき軍人あがりの広島の人と一緒になり、台湾山地の蔓橋談をきく事が出来た。手法は両方とも非常に似ているが、祖谷のものは弱々しいという。材料の関係にもよるであろう。さて、この架橋技術が、今山地流行の針金橋にうけつがれているのではないかと思う。四国山中には針金橋がきわめて多い。技術が進んで、渡って行っても動揺が少なくきわめて安全な感を持たせるが、これがここに至るには、やはり蔓橋に似た針金橋があったらしい。高田十郎先生の「十津川紀行」をよむと、大塔村と十津川村の境、十津川本流へ舟ノ川が合流する所にかけてあった針金橋を渡りかけたが、あぶなっかしくて仕方がなく、遂に崖を下って川に下り、渓流を渡渉したとある。十津川は私も歩いて多くの針金橋を渡ったけれども、今そのような不安定なものはなくなっている。ピンと張った針金の、歩いて行く所に板を縦に二枚位ならべたのを渡るのは一寸不安でもあるが、また快いものでもある。それ程安全なものになっている。

十津川ではこのほかにヤエンというのがある。一本の針金を川の上にひき、それに籠の如きものを下げ、乗った人が縄をたぐる事によって籠を進行させ彼岸に達するものである。これもその原始的なるものが中部の山中に昔あった事を双紙類で見たが、やはりそこからの進歩であろう。索道への過程として興を覚えるが、索道はまた別個に舶来されたものの様である。

なお十津川の元禄頃の記録によると「十津川中に橋数貳拾六有候。此内に洪水に不落橋二つ、中水に不落橋一つ、其ほかの橋は夏少しの水にも落ち、冬は氷かたまりて渡りかたく候。歩行渡谷川に十ヶ所有之、大水には難通候。船渡し十ヶ所有之。」とある。洪水におちざる橋が蔓橋であればとも角、他はどうも蔓橋とも思われぬ。かつ少しの水にも落ちるのは丸木橋であろう。

それが今日、昭和十年では橋二四、プロペラ船一、荷船三〇、自転車一九二、自動車二、荷物自動車四、荷車七七となっている。十津川は今でも日本で一番交通の不便な所と思っているが、それでさえこの有様で、この二四の橋も洪水にも落ち難いであろう。祖谷に至っては十津川以上に開け、交通も利便である。嶮峻な所にも平坦な道をつけるようになった。だがそういう時代を持ち得るに至ったのは道具も材料も持たずして、なお蔓橋の如きものを作り得た努力の堆積ではないかと思う。南方の人たちもかくてまた我々について新しい文化を学んで行くであろう。

〔「民族文化」三巻七号　昭和十七年七月〕

四　土佐の車田その他

二月二日〔昭和一六年〕伊予三津浜に上陸して、同月二十七日阿波小松島から大阪へ発つまで、四国を二十日ばかり歩いた。ここにその途中で見聞した神田の行事二三をならべてみる。

一　幡多郡富山村〔現・四万十市〕小西ノ川の車田

この地の氏神の田は丸い田で、神《カミ》田とも丸田ともいっている。大きさは五坪ほどのものである。この田には女ははいらないで男だけが植える。又田に下肥は入れない。けがれる事を恐れるからである。田は男一人で植えるのがきまりらしいという。田の畦について植えて行って真中で納めるのである。植える人は毎年変っていく。家々が順番で行うのである。

植える日は一定していないが、大体田植がはじまって、その半ば頃に行う。今日はマルタの田植〔カミタウエともいう〕だという日には、各自の家では田植を休み、この田植を見に行く者もある。別にハヤシも何もなくて植えるのである。植える日は二三日前に村から知らせてまわる。

秋の刈上げには別にきまりがない。又それで酒を作って神に奉るという様な事もない。

普通の田には田の畦にウサバイ様という神様（丸い石）をまつるのであるが、マルタにはウサバイ様を祭らない。（田で働いている人にきく）

附記——私はこの田を実見したのではない。小西ノ川という所は通ったのであるが、その地では何も聞かずして、一里ばかり歩いてから、道ばたで仕事している人から聞いたのである。立話なので之以上のことをきいていないが興あるものの様で、どなたかに更に詳しくしらべていただきたいものである。

二　幡多郡富山村大用の神田

総じてこのあたりの神社にはそれぞれ極く小さい神田がある様である。大用《オオユウ》の熊野神社の神田も丸くはないが、米が一升とれる程の小さいものである。

この田を作る人をショージユードーという。どういう意味か不明である。或は精進人《ショージウド》の訛ったものではないかと思うが、大方の御教示を得たい。この神田にも下肥は一切施さず、ただ植えたままで成長させるのである。ショージユードーは大体四十歳以上の男であって、男女間のけがれのないもの、即ち妻女がすでに月の障りを見なくなった男が毎年交代で之に当たっている。

植える日は一定していない。又神田植の日に他の田は仕事を休むという事もない。まず神主が来て田の畦に榊を立てて祝詞をあげる。榊はたてたままにしておくのであるが、それがそのまま根を下ろすことがある。すると神様の御受取りがあったと喜ぶのであるが、この神田ではその榊が見事に成長している。

秋この稲を刈って精米して十一月十五日のカエリモーシという祭に甘酒を作る。すべてショージュードー一人で之を行う。この神酒を神職が神前に奉って祝詞を奏する。刈上げの祭である。甘酒はその後で、氏子一同が宮でいただく。その後でナオライを行った。ナオライは拝殿で行うのである。之には頭人がつく。

頭人は部落毎によって選出の方法がちがう。大西ノ川などでは、部落の中の組が一年交代で頭人を引きうける。即ち頭人に当たった組のものはその一年間祭の世話をするのである。大用では組が五つあるが、その各組内から一年交代で一人宛頭人が出ている。従って五人の頭人がいる事になる。又、各組内から二人宛当てているものもあり、一つの祭毎に頭人の変る部落もある。

さて五人の頭人は神社に集って酒の燗をなし、拝殿で人々の給仕をする。御馳走は各自が持参する。如何なる祭にも、ナオライは必ず行われたものである。（熊野神社社司）

三　同地のウサバイサマ

ウサバイサマは田の神様である。

註―土佐のウサバイ様については桂井和雄氏が土佐史談（七二・七三）にのせた「田の神としてのサンバイに関する資料と論考」なる論文に各地の例が豊富に報告されており、大川のものも見えている。

田に稲を植えつけてから、ウサバイ様をオロスとて床の間に祀ってあるウサバイサマ（丸い石）を主人が粗末にならない様に三宝にのせて持って行く。そうしてなるべく綺麗なあまり踏まない様なセマチの畦に祀る。ウサバイ様には米とクサモノ（魚）と御神酒を持って行って供える。ウサバイサマはオイノベカズラ（山葡萄）を輪にしたものを畦におき、その中に据える。

神主が来てそこで地鎮祭をするが、前述の如く、祭に用いた榊の枝をたてる。又護符をも竹にはさんでそこにたてる。それが生きつく事がある。又輪にして畦の上においてあるオイノベカズラも根を下ろす事が屡々ある。こういう事を土地の人は吉事として喜んでいる。

ウサバイサマを下すのは暦を見て、ナルとか、トルとかいう様な日を選ぶ。

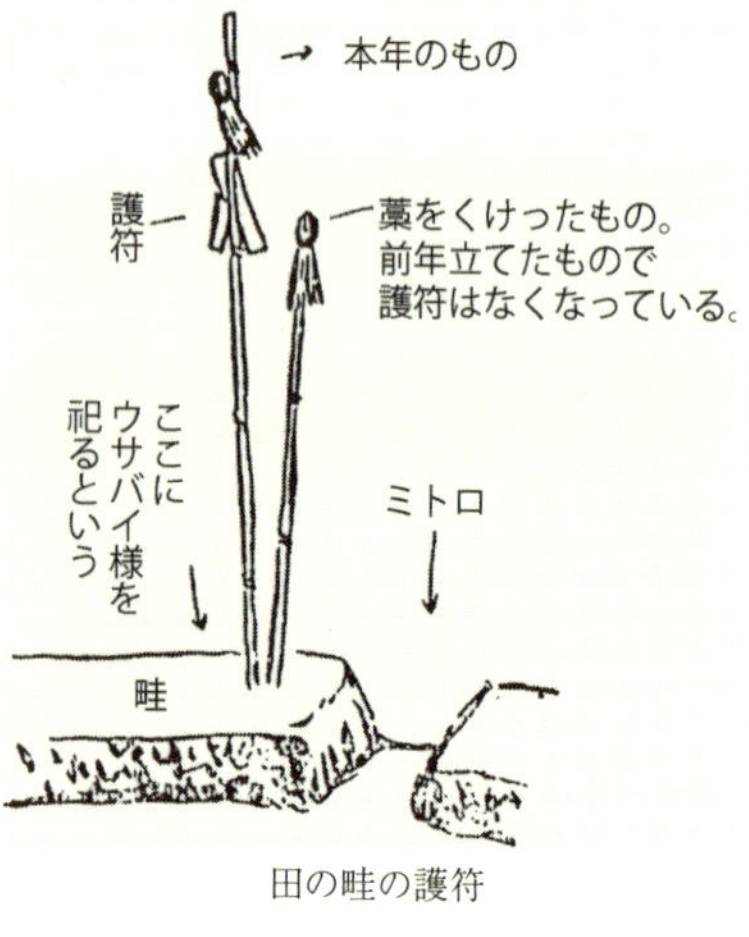

田の畦の護符

秋の彼岸になると、ウサバイ様を持ってかえって床に祀る。そうして翌年のウサバイオロシまでは床に祀るのである。（田で働いている人にきく）

四　幡多郡大正村〔現・高岡郡四万十町〕瀬里の太鼓田

土佐にはいくつかの太鼓田のあることをきいていた。そして窪川町の太鼓田などは相当に聞えている様だが、何も聞く事が出来ずに来てしまった。宇和島の和霊神社にも太鼓田があると聞く。之は大正村あたりからもわざわざ見に行くという。このあたりでは一番有名であろう。大正村田野々の熊野神社にも太鼓田があったが三十年ほど前に止んだ。それに音頭をとっていた人はとうに死んでしまっており、早乙女もそれぞれどこかへ嫁に行って、誰々がよく記憶しているかも不明だという。詳しく聞けないのは残念だが、こういうものがあったという事だけは分ってもらえるかと思う。

話して呉れたのは田野々の上甲刀自。

田野々の熊野神社にも瀬里という所に神田があった。この神田は瀬里の人たちがデヤクで植えた。長細い田であった。狭い田に女は十人ばかり、馬四匹、これに音頭をとる者が一人いた。早乙女はジテヌグイの新しいのをかぶり、絣の帯に絣の前掛をして出て行った。音頭をとる人は、前に太鼓をかけ、背中に榊に幣をとりつけたものをたてて、赤鉢巻、赤襷のいでたちであった。

踊りながら音頭をとるのであるが、それは早乙女達が植えていった所でやるのだから稲はめちゃめちゃになった。それで翌日又植えかえたものであった。この音頭をとる人は毎年きまっていた。小さな百姓で、自分の土地では食えず、主にハタラキ（日傭）をしていた。

早乙女たちは、一軒から一人位宛出たものらしい。従って瀬里の部落では、この日田植は出来なかったが、他の部落（熊野神社の氏子であり乍ら）の者は田植を休むという事はなかった。但し見物には出かけて行ったものである。（昭和十六・三・一二夕方曇）

〔「ひだびと」九巻四号　昭和十六年四月〕

五　本田と新田　――土佐藩

土佐藩にも地割制度のあったことは周知の事実である。その行われたのは徳川時代に入ってからのことであるといわれているが、地割の行われたのは長曾我部氏時代以来の水田、土佐で本田とよばれているものに限られていた。天正検地に見えた二十万余の土地がこれにあたる。

そのような土地は香美、安芸等、東部の方に多かったようである。ここには香美郡田村と長岡郡西豊永地方の聞書を報告する。

田村でも西豊永でも、本田は百姓の所有に限られ、士工商の者はその所有をゆるされなかった。本田百姓とよばれていた。本田は前記のように地割が行われていたのであるが、一人の宛行われる土地を組地といい、高にして十石、面積にして八反から一丁歩の土地であった。そして一組毎にクジ一本とし、本田持が十人あれば十クジ、三十人あれば三十クジに分けてあった。そして五年或は七年毎にクジの引なおしを行い、そのあたりクジの土地を耕作した。この場合一組十石の土地で耕作不能の地が出来ても十石分の年貢を納めなければならぬ事になっていた。本田持は必ずしもその土地を耕作する訳ではなく、他人に耕作させる事があった。この場合地主を底地持、底土持といい小作米を加地子米といった。

本田持の地主は本田以外の土地も持っていて、村の中心勢力であったが土佐藩は新田開墾をすすめたので、長曾我部氏の遺臣や二三男の者で、本田持の所有する野を開墾する者が少くなかった。これが新田百姓で多くの土地を請負って拓いた者の中には士分に取立られた者も少くない。土佐の郷士はこのようにして成立したというが、その人たちから土地を請けて拓いた小前の百姓は、その土地の上に永小作権を確立した。ウワ土持、ウワ地主、ウワ作、ウワ地持、中地頭などとよんでおり、永小作の事を永代アタリ、地盛控、盛控といっている。

宛り主（小作人）は宛て主（地主）に対して加地子米を納めるほか、何等の制約をうけず、公課も小作人の方が納めている。従って土佐では新田においてウワ土持の方が土地に対する権利が大きいのである。これは明治維新の際、藩の軍事費が沢山要り、その費用を農民も負担したのであるが、その際地主四分、永小作人六分を負担した事に原因するという。

ところが本田においても地主の負担が重かったので、小作人に負担させる方法が生じ、それで本田では小作人の負担は軽く、多くは一期小作人であったが、この事によって永代小作化し、そのために地割が中止せられるようになってきた。

もと本田百姓は田村において見るに、毎年正月二日から安芸郡奈半利川へ二十人、吾川郡仁淀川へ二十人、物部川へ二十人という風に公用出夫をする事になっていたが、地主は小作人にその勤め方を依頼し、小作人がかわって行くようになった。元来一期小作人は年貢も加地子米も地主に納めさえすればよかったのであるが、何時の間にかこういう夫役がつき、小作が永代化するに至った。一方、本田百姓はその名目を保ちつつ加地子米の収得権を商人などに売るようになってきた。

田村のように天正以来ひらけつくして新田のない所では、それでも明治の中頃まで地割が続いたが、地主としての本田百姓、加地子米収得者としての実質的な地主、一期小作人、永代化した小作人等入乱れて、クジ割は困難をきはめ、五年が十年になり二十年にのびて中止になったという。

西豊永村奥大田にも本田は存在して五年に一度クジ引をして交代して作っていたが、本田の広さは限られており、二三男たちは本田につづく土地を拓いて耕作した。これを新田といい、新田を耕作する者を新田百姓といった。この場合底土は本田百姓が持っていて、村の百姓寄合などで、新田百姓は一人前の発言権はなかったという。併し本田の方は年貢も重く夫役も多くて人々は新田特になる事を欲したといわれる。

村にはこのほかにノバクサンバクとよばれる山があった。村人所有のほかにある山で明所山といわれるものである。新田百姓の子たちで正式に分家もみとめられないものは、このノバクサンバクをひらいて百姓になった。これをモウトウといった。亡土とか毛頭と書いてある。村人として一軒前とみとめられる事はなかった。

なお土佐藩の地割については「間隙雑記」「土佐藩地割鬮組法」にも見えているし、「御改正廉書」にもその実状が記されている。しかし口頭による伝承はうすれてしまっていて多くをきき出す事は出来なかった。

（『民間伝承』一三巻六号　日本民俗学会　昭和二十四年六月）

解説

田村善次郎

本書は宮本常一先生が民間伝承の研究を志し、各地を歩き始めた頃の論考、紀行文、調査記録などを中心に編んだ。

「村里の風物」は昭和二十一年六月に執筆したものであるが、印刷されず原稿のまま残されていたものである。昭和二十一年の日記に「六人社のために村里の風物一五〇枚を書く。何でもない知識も集めて見れば之ほどのものになるということを示したのである。石徹白の思い出、よき伝承者、入口に吊るもの、屋根の変化、神社と宮座について、簡単に書いた。よむ方は面白いであらうと思はれる」と記している。祭魚洞文庫用紙と左下に印刷されたB6版二〇〇字詰め原稿用紙で、最後の番号は一三二になっているが、途中二八から六〇までの三三枚が抜かれている。この抜かれた三三枚は、昭和二十三年十二月に昭和書院から出版された『村の社会科』に使用されたのではないかと思っている。『村の社会科』は後に『日本の村』と改題されて筑摩書房の中学生全集に加えられるのだが、車窓から見た屋根のスケッチなど目に見えるものを手掛かりに、日本の村のありよう、性格を描いた名著といえるものである。執筆は戦後になるが、用いられた資料は本書に収録する調査記などと同時期に見聞したものが主になっている。「村里の風物二」は『近世日本史研究入門』に執筆した「遺址・遺物」を改題したものである。執筆時期は後になるけれども、「村里の風物」と相補関係にあると考え「村里の風物二」と改題して収録した。

宮本先生は優れたフィールドワーカーで聞取りの名手だといわれているが、同時に非常に優れた観察眼の持ち主でもあった。子ども時代に郷里大島の白木山から眺める西瀬戸内海の島々や地方《じかた》の村や町、山の名前、それにちなむ諸々のことを父や祖父から教えられ、外の世界を憧れる心が育ち、またさまざまなモノを見ることを教えられたと語っておられるのだが、そうしたものが観察する目を養われたのであろう。先生が天王寺師範の専攻科で歴史や文学でなく地理学を専攻したのは、幼い日の父祖の教えが素地にあったからではないかと想像している。そして地理を専攻したことが自然や人文を見る目をより深く広くしたのであろう。「あるく　みる　きく」というのは先生が設立し、なくなるまで所長であった日本観光文化研究所の機関誌的な月刊誌の誌名であるが、歩く見る聞くは先生終生のモットーとするところであった。「村里の風物」や「履物によせる心」「野宿」「山陽沿線の農家」などは新進の民俗学者宮本常一の眼力の所産である。

宮本先生が民俗学に関心を持ち、郷里の民間伝承を「旅と伝説」などに発表し始めるのは昭和五年一月からであるが、病が癒えて再度上阪し、教職についた昭和七年からは勤務地である泉北地方を中心に大阪府下を広く歩くようになる。そして昭和九年柳田國男に会い、小谷方明等と計って大阪民俗談話会を結成するのだが、その頃から郷里大島と府下以外の地方にも足を伸ばすようになっている。残念なことに昭和九年以降の日記がないので断片的にしか分からないが、土日を中心に学校の休みの時には殆ど出ていたのではないかと思われるほどである。それは昭和十年十二月に結婚してからも同様であった。「東北雪の旅日記」に「家へ帰ると、妻に之から出かけると話す。妻は私のこうした事にはなれているので、すぐ仕度をしてくれる。……」とあることによって、その一半は察せられる。

「隠岐島信仰見聞」以下の調査記録のうち「四国民俗採訪録抄」とした五編は昭和十六年二月と十二月に行った四国調査の記録で、上京してアチックミューゼアム入所後のものであるが、その他はいずれも昭和十四年十月に上京する以前の小学校教員時代に行った調査の記録である。

四国の調査は昭和十六年の二月二日から二十二日までと、十二月十一日から十九日までの二回、計三〇日におよぶもので、かなり密度の濃いものであったことが窺われるが、全体の記録が民俗採訪録として刊行されてはいない。書き上げていた原稿は戦災にあって焼けてしまったもののようである。四国の記録は本書に収録したもののほかに「大阪民俗談話会会報」（昭和十六年）に採録されている「雪の伊豫土佐採訪記」がある。これは昭和十六年二月調査の帰り大阪民俗談話会での話を、会員の一人が記録したもので、興味ある内容を多く含んでいるが、先生の校閲を受けていないので、場所など錯綜し特定出来ない部分が何ヶ所かある。そのため残念だが収録は見送った。

四国以外の調査は休日を利用してのものであるから、一日かせいぜい二日という短期間の旅での見聞が多いのだが、その中で「東北雪の旅日記」は昭和十三年十二月二十六日に大阪を発ち、昭和十四年一月七日大阪に帰着という一三日にわたる長旅である。宮本先生にとって東北はこれが最初の旅であった。福島県石田で開催された芦田恵之助他の模範授業の参観を手はじめに秋田扇田、青森田子、岩手晴山などをまわっている。各地で精力的に年中行事や村落組織などの聞書をした様子は窺えるのだが、残念なことに旅日記の中にはそれらは少しも記されていない。ただ児童の服装調べや駅で切符の発売先や物資の輸入状況に注目するなど随所に宮本先生らしさはでている。また雪の中を九戸山中の晴山村まで行き、吹雪の道を歩いて駅まで出たり、暗くなって着いた平泉で途中下車して中尊寺を訪ね、頼み込んで懐中電灯の明かりで仏像や器具を見せて貰い、一字金輪仏まで無理に頼んで拝観してそのすばらしさに感動し、深夜の汽車で東京に向かうという様な点に、宮本先生の旅の姿勢を窺うことが出来る。民俗聞書に類する記事がないのは、発表が芦田恵之助の主宰する恵雨会の機関誌「同志同行」であることによるものであろうか。芦田恵之助（一八七三〜一九五一）は著名な国語教育者で綴り方教育、読み方教育に独自の理論を提唱し、その普及に全国各地の小学校を精力的に巡歴して模範授業を行い、多くの共鳴者、信奉者がいた。宮本先生は昭和十年ころから恵雨会に関係し、仲間と泉北恵雨会を組織し、芦田を招いて何回か模範授業を行っている し、機関誌「同志同行」には「東北雪の旅日記」のほか一〇数編を寄稿している。

この時期の宮本先生は芦田恵之助に心酔し、泉北恵雨会や国語土曜会の主要メンバーとして、国語教育や綴り方教育に取り組む熱心な小学教師であると同時に、ひまをつくっては鞄一つもち、着のみ着のままで民俗採訪の旅に出る民俗学徒という二足の草鞋をはいて寧日なく動きまわっていた。

本書に収録した「加越海岸遊記」の掲載紙である「土の香」については愛知大学の印南敏秀教授のご高配を得て手元にない部分を補うことが出来た。また掲載写真は周防大島文化交流センター所蔵のものであるが、そのプリントについては平嶋彰彦氏および毎日新聞社の高橋勝視氏の御協力を得た。末筆ながらここに記して感謝の意を表したい。

『宮本常一 旅の手帖〈村里の風物〉』収録論考 初出一覧

村里の風物　原稿　昭和二十一年六月執筆

遺址・遺物　『近世地方史研究入門』　岩波書店　昭和三十年七月〈村里の風物一と改題〉

履物に寄せる心（上）（下）　「学海」二巻八号・九号　秋田屋　昭和二十年十二月・二十一年三月

野宿（一）（二）　「民族文化」三―一〇　山岡書店　昭和十七年十月・十八年五月

隠岐島信仰見聞　「ドルメン」三―一〇　岡書院　昭和九年十月

山陽沿線の農家　「防長史学」五―二　防長史談会　昭和九年十一月

加越海岸遊記（一）（二）（三）　「土の香」一四巻一号・三号・五号　土俗趣味社　昭和九年十一月・十年二月・六月

海荒れ　「トピック」五―六　トピック社　昭和十三年七月

心あわせて　「トピック」五―七　トピック社　昭和十三年八月

子供の世界　「トピック」五―八　トピック社　昭和十三年十月

若狭漁村民俗　「民間伝承」三―三　民間伝承の会　昭和十二年十一月

三方のみずうみ（一）（二）　「トピック」六―一・二　トピック社　昭和十四年一・二月

越後松ヶ崎漁業聞書　「高志路」四―七　高志社　昭和十三年七月

東北雪の旅日記　「同志同行」七―一二　同志同行社　昭和十四年三月

四国の山村　「日本の言葉」一―五　日本方言研究所　昭和二十二年十月

土佐長岡郡稲生村聞書　「大阪民俗談話会会報」二〇　昭和十六年八月

祖谷の蔓橋　「民族文化」三―七　山岡書店　昭和十七年七月

土佐の車田・その他　「ひだびと」九―四　飛驒考古土俗学会　昭和十六年四月

本田と新田　「民間伝承」一三巻六号　日本民俗学会　昭和二十四年六月

著者
宮本常一（みやもと・つねいち）
1907年、山口県周防大島生まれ。
大阪府立天王寺師範学校専攻科地理学専攻卒業。
民俗学者。
日本観光文化研究所所長、武蔵野美術大学教授、
日本常民文化研究所理事などを務める。
1981年没。同年勲三等瑞宝章。
著書：「日本人を考える」「忘れられた日本人」
「民具学の提唱」「日本の宿」「庶民の旅」
「山の道」「川の道」「和泉の国の青春」など。

宮本常一 旅の手帖〈村里の風物〉

2010年10月25日　初版第1刷発行

著者	宮本常一
編者	田村善次郎
発行者	八坂立人
印刷・製本	モリモト印刷(株)

発行所　(株)八坂書房
〒101-0064　東京都千代田区猿楽町1-4-11
TEL.03-3293-7975　FAX.03-3293-7977
URL.: http://www.yasakashobo.co.jp

ISBN 978-4-89694-965-0

山の道

宮本常一編著　落人、木地屋、マタギ、ボッカなど、山間秘境を放浪し生活を営んだ民の暮しぶり、また往来に欠かせぬ間道、峠道の果した役割、山の市場・湯治場についてなど、「旅の達人」宮本常一が描く、山間往来・放浪の生活文化誌。　１８００円

川の道

宮本常一編著　川は日本人にどのようなかかわりあいをもっていたか。川は漁労や治水にのみならず、人や物資交流の道として、山と海を結ぶ重要な役割を果していた。日本の主な河川37をとりあげて、それらの川の果たしてきた人間とのかかわりあいの歴史を綴る。　１８００円

日本の宿

宮本常一編著　なぜ人は旅をするようになったのか。そして日本の宿はどのように発達してきたのか。宿の起こりから、庶民の宿・商人宿・信者の宿・旅籠・温泉宿、さらにはホテル・下宿まで、宿が持つ機能や役割を説き、今までの旅の姿と、日本の宿の歴史を描く。　１８００円

庶民の旅

宮本常一編著　旅好きな日本の人びとは、いかに楽しみ、また苦労して旅をしてきたのか。風来坊・僧侶・百姓・町人・文人・芸人などの民衆は、何を求め、どんな格好で、どんな方法で旅をしていたかを、記録に残る具体例を豊富にあげながら親しみやすい庶民の旅姿を描きだす。　１８００円

和泉の国の青春

宮本常一著　1939年に「アチック・ミューゼアム」で民俗学研究者としての本格的な歩みをはじめる前の、大阪逓信講習所～高麗橋郵便局員～天王寺師範学校～尋常小学校教員時代の貴重な著述を、ノート、未刊原稿、同人誌、孔版私家版、一般誌などから編纂。若き日の宮本常一の苦悩し模索する姿を窺うことが出来る。

2000円

（価格は本体価格）